Münsterschwarzacher Kleinschriften

herausgegeben
von den Mönchen der Abtei Münsterschwarzach

Band 197

Martin Thull

Die Farben des Schweigens

Eine Spurensuche

Vier-Türme-Verlag

Bibliographische Information der Deutschen Nationalbibliothek
Die Deutsche Nationalbibliothek verzeichnet diese Publikation in der Deutschen Nationalbibliographie; detaillierte Informationen sind im Internet über http://dnb.d-nb.de abrufbar.

CO_2-neutral produziert

1. Auflage 2016

Lektorat: Marlene Fritsch

Umschlagmotiv: Kudrin Ruslan / Fotolia.com
Druck und Bindung: Benedict Press, Vier-Türme GmbH
Münsterschwarzach, www.benedictpress.de

ISBN 978-3-89680-597-3
ISSN 0171–6360

www.vier-tuerme-verlag.de

INHALT

still leben

still leben oder lieber laut
von allem sprechen oder besser schweigen
geräuschvoll schwatzen stöhnen schimpfen
oder nur atmen
aufmerksam ein und aus und wieder ein und wieder aus

ich möchte an das schweigen glauben
laut oder leise schweigen als beredtes idiom
leicht zu verstehn mit sieben sinnen

als medizin nichts weiter nur der duft
von an der sonne getrockneter baumwollwäsche
durch tätige stille gesunden
beim sammeln der bucheckernhülsen
hunderte tausende hunderttausende
braun trocken stachlige blüten
für das lachende prasselnde fauchende feuer
im ofen

MARIANNE TROLL

Einleitung

Aus dem Schweigen entsteht alles, was lebt und dauert.
Besitzt man diese schweigende Stille in sich,
kann man dem äußeren Lärm mit Gleichmut begegnen.

YEHUDI MENUHIN (1916–1999)

»Reden ist Silber, Schweigen ist Gold« – eine überlieferte Lebensweisheit seit Generationen. Und einmal abgesehen davon, ob sie dem Vergleich mit der Entwicklung der Edelmetallbörsen standhält – ist diese geronnene Erfahrung unserer Vorfahren tatsächlich belastbar? Muss es nicht umgekehrt heißen: »Reden ist Gold, Schweigen aber nur Silber«? Wenn es etwa gilt, Zeugnis abzulegen, für eine Überzeugung einzutreten oder ein Handeln zu rechtfertigen. Mit Schweigen ist dies unmöglich. Da muss geredet werden, laut oder leise, eben der Gelegenheit angemessen. Sachlich und unterkühlt oder mit Emotionen, je nachdem. Wie sollte das Schweigen weiterhelfen, wenn ich den Partner von einer Entscheidung überzeugen will? Wenn die Kollegen einem bestimmten Weg folgen sollen?

Und dann bedeutet diese Redewendung auch noch: Gold und Silber sollen Gegensätze ausdrücken. Wie Schwarz und Weiß. Wie Hell und Dunkel. Wie Heiß und Kalt. Wie Feuer und Wasser. Aber ist Schweigen wirklich so einfach zu beschreiben? Gibt es nicht Schattierungen? Vermischungen? Einem Anlass entsprechend, einer Person angemessen, einem Raum angepasst?

Begeben wir uns also auf eine Spurensuche. Machen wir uns auf den Weg zu einer Erkundungsreise.

Sammeln wir Indizien, Beispiele aus dem Alltag, der Wissenschaft, der Literatur, aus vielen Bereichen. Durchaus nicht systematisch, sondern zuweilen willkürlich und zufällig. Ergebnisse wochenlanger Zeitungs- und Ferienlektüre, von Radio- und Fernsehkonsum. Nicht als fertiges Konzept, sondern als Anregung, selbst weiter auf Spurensuche zu gehen nach den »Farben des Schweigens«.

Wir werden schnell feststellen, dass das Schweigen zu unserem Alltag gehört, fast so wie Essen und Trinken, wie Ein- und Ausatmen, aber eben auch zuweilen etwas Besonderes ist.

Eine Form der Kommunikation

Es ist inzwischen eine Binsenweisheit, dass auch Schweigen eine Form menschlicher Kommunikation ist. Der Kommunikationswissenschaftler Paul Watzlawik hat es mit Kollegen auf die eingängige Formel gebracht: »Man kann nicht nicht kommunizieren.« Deshalb ist Schweigen eine ganz besondere Form der Kommunikation, eine, die Akzente setzen kann. So wie die Pause in einem Musikstück eine Spannung erzeugt, so kann Schweigen

Achtung und Missachtung ausdrücken, Respekt oder Abscheu bedeuten.

Im Onlinelexikon *Wikipedia* finden wir diese Definition: »Schweigen ist eine Form der nonverbalen Kommunikation, bei der nicht gesprochen wird und bei der auch keine Laute erzeugt werden.« Im Allgemeinen könnten trotz des Schweigens bestimmte Informationen mitgeteilt und Bedeutungen gezeigt werden. Eine besondere Verbreitung habe das Schweigen in den Religionen und Rechtssystemen sowie in der Spiritualität. Schweigen als ein bewusster kommunikativer Akt setze die Fähigkeit zum Sprechen voraus. Und weil Schweigen nicht so eindeutig in seiner Aussage definiert werden könne, sei es deshalb oft vieldeutig.

Eine Kulturtechnik

»Man braucht zwei Jahre, um sprechen zu können, und fünfzig, um schweigen zu lernen.« Man mag ja über Literaturnobelpreisträger Ernest Hemingway denken, was man will – hier hat er unbestritten Recht. Sprechen lernt man als Kind, der eine schnell, die andere langsam. Wenn körperliche Gebrechen wie Taubheit oder Stummsein nicht dagegenstehen, lernt jeder Mensch sprechen.

Sprechen ist eine Kulturtechnik wie Lesen und Schreiben. Am Ende vielleicht auch das Schweigen? Als Kulturtechniken gelten – zunächst sehr archaisch verstanden – Feuer machen, die Nutzung der Landwirtschaft, die Gestaltung von Kunst. Auch so praktische Fähigkeiten wie Kalender zu entwickeln und zu verwenden oder mithilfe von Landkarten mobil zu sein, werden dieser Kategorie zugerechnet. Nach *Wikipedia* sind zur Ausübung einer Kulturtechnik eine oder mehrere Voraussetzungen nötig: »Das Beherrschen von Lesen, Schreiben und Rechnen, die Fähigkeit zur bildlichen Darstellung, analytische Fähigkeiten, die Anwendung von kulturhistorischem Wissen oder die Vernetzung verschiedener Methoden.«

Können wir das Schweigen also auch dazuzählen? Wenn wir Schweigen zu den Möglichkeiten sozialer Interaktion zählen, dann durchaus. Aus mehreren Gründen: Der wichtigste ist wohl der, dass Schweigen in der Regel eine bewusste Entscheidung ist, sich beispielsweise einer Kommunikation mit anderen zu entziehen. Einmal abgesehen von einem Schock, der einen Menschen stumm werden lässt, ist Schweigen deshalb immer gewollt. Spätere Beispiele werden das zeigen. Ein weiterer Grund: Wie wir bereits gesehen haben, ist Schweigen meistens – besser: geradezu ausschließlich – im Kontext zu verstehen. Und Kontext heißt hier: sozialer Kontext. Natürlich kann jeder für sich allein schweigen und daraus individuellen Gewinn ziehen. Aber Schweigen in Gemeinschaft – ob in der Zweierbeziehung oder in der Gruppe – ist immer auch Teil von Kommunikation. Und wer im richtigen Augenblick zu schweigen vermag – möglicherweise durch lang anhaltendes Training eingeübt –, der kann ein Gespräch, eine Diskussion, eine Auseinandersetzung entscheidend akzentuieren und prägen. Und sei es, dass er sich auf diese Weise aus der Gemeinsamkeit verabschiedet, aus welchen Motiven auch immer.

Aber kann man Schweigen lernen? Vielleicht so wie eine Fremdsprache? Es gibt Hinweise, dass einige Momente des Schweigens am Morgen vor dem Aufstehen hilfreich sein können, um mit frischer Energie in den Tag zu starten. Ohne Rituale wie Duschen, Haare föhnen und Zähne putzen geht es nicht. In diese Reihenfolge ließe sich auch das Schweigen einfügen. Wer es denn mag. Andere ziehen vielleicht den Abend vor, um den Tag nochmals Revue passieren zu lassen und so von seinen schönen und weniger schönen Augenblicken Abschied zu nehmen. Ein jeder wird es so machen, wie es ihm guttut.

Aber das ist die einfachere Übung, weil ich alleine bin mit mir und der Welt. Schwieriger ist es, seine Emotionen im Zaum zu halten, wenn eigentlich eine lautstarke Erwiderung möglich wäre, wenn eine Entgegnung zusätzliche Dynamik entwickelt und ein klärendes Gespräch verhindert, wenn Schweigen im anderen Fall Zeichen von Charakterstärke ist.

Und wo wir gerade beim Üben des Schweigens sind – die meisten Menschen haben eine ganz besondere Erfahrung hinter sich: Als Fahrzeuglenker hatten sie einen Beifahrer (oder Beifahrerin) neben sich, der ständig »Vorsicht!«, »Nicht so schnell!« oder »Den Blinker nicht vergessen!« ausrief. Das stört, mindert die Konzentration und ist schlicht unhöflich. Das Schweigen als Beifahrer ist also eine harte Prüfung. Denn dann gilt es das, was ich aus ähnlicher Perspektive wie der Fahrer sehe, nicht zu benennen, sondern dessen Fahrweise zu vertrauen. Wer es ausprobiert, wird schnell merken, wie schwer solches Verhalten ist. Eine Alltagsübung, die allerdings dann eine Ausnahme erfahren muss, wenn tatsächlich Gefahr droht, die der Fahrer im Augenblick nicht erkennt. In diesem Fall ist es auch Selbstschutz und dann wäre Schweigen fahrlässig. Mit anderen Worten: Im Alltag das Schweigen einzuüben, macht Sinn, weil man es dann praktizieren kann, wenn es nötig und angebracht ist.

Nur im Zusammenhang zu verstehen

Schweigen ist immer interpretationsbedürftig und kann meist nur im jeweils aktuellen Zusammenhang verstanden werden. So kann es beispielsweise – positiv gedeutet – besondere Aufmerksamkeit signalisieren. Schweigen kann zum Gebot werden: in Lesesälen der Bibliotheken etwa, um die Konzentration der anderen Besucher nicht zu stören. In Theatern, Kinos und Konzertsälen ist Schweigen Pflicht. In Großraumbüros ist Schweigen oft wünschenswert, aber nur selten durchzuhalten. Schweigen ist zudem ein rhetorisches oder dramaturgisches Element: Schweigt der Redner während seines Vortrags, so erhöht er die Spannung, geschickt eingesetzt, adelt es seine Ausführungen. Zudem bietet eine »Sprechpause« die Chance zu einer »Denkpause«, in der das zuvor Gehörte vom Publikum reflektiert werden kann.

Ordnung muss sein

Wer schweigt,
scheint zuzustimmen.
LATEINISCHES SPRICHWORT

Juristische Regeln

Kaum eine wissenschaftliche Disziplin hat sich so intensiv mit dem Schweigen auseinandergesetzt wie die Rechtswissenschaft. Die Juristen haben das Schweigen sogar in verbindliche Regeln gegossen. Je nachdem können jeweils bestimmte Rechtsfolgen an das Schweigen beteiligter Personen in einem Verfahren geknüpft sein. Für den juristischen Laien ist das nicht immer einfach nachzuvollziehen. Aber es geht um Verträge, um Geschäfte, um das Erben oder die vermeintliche Ablehnung von Vorschlägen. Immer wieder spielt das Schweigen eine Rolle, hat Folgen, wird wichtig, wichtiger zuweilen als das gesprochene oder geschriebene Wort. Es kommt – wo und wie auch immer – auch hier auf den Zusammenhang an.

Schweigen im Prozess oder schon in den Ermittlungen beispielsweise bedeutet in Deutschland weder Ja noch Nein zu Vorwürfen oder Indizienketten, weder Zustimmung noch Ablehnung, sondern: gar nichts. Es ist vor allem der Gegensatz zu einer ausdrücklichen Willenserklärung. Das deutsche Recht in den unterschiedlichsten Formen geht grundsätzlich davon aus, dass schlichtes Schweigen keinen besonderen Wert besitzt. Es gilt daher als so genanntes »rechtliches Nullum« und ist deshalb ohne jegliche rechtliche Bedeutung. Durch Schweigen wird weder ein Wille artikuliert noch eine Erklärung abgegeben. Der auf Papst Bonifatius VIII. (1235–1303) zurückgehende Rechtsgrundsatz: »Wer schweigt, wo er (wider)sprechen sollte und konnte, dem wird Zustimmung unterstellt«, gilt im deutschen Recht nur ausnahmsweise in einigen Fällen des »normierten Schweigens«, »beredten Schweigens« und bei Handelsgeschäften unter Kaufleuten.

Ein Beispiel: Bei einem Unfall auf der Bundesstraße 260 in Hessen kam es wegen eines riskanten Überholmanövers zu einem Unfall, bei dem fünf Menschen starben. »Bald kamen Hinweise auf Cris G., 42, der für seine ›forsche Fahrweise‹ bekannt sei. Die Unfallstelle liege auf dem Weg von seiner Wohnung zu seinem Arbeitsplatz. Aber Cris G. schwieg. Er schweigt auch jetzt im Prozess vor dem Amtsgericht Wiesbaden. Kein Wort, das über die Feststellung seiner Personalien hinausgeht. Staatsanwalt Ulrich Schneider steht bei dem Prozess vor einer schwierigen Aufgabe« (SZ 10.9.2015). Es gibt nur Indizien und Zeugenaussagen. Das Schweigen darf der Richter Cris G. nicht belastend anrechnen.

Schweigen ist zudem im Arbeits-, im Verwaltungs- oder im Strafrecht geregelt. Auch hier sind die Einzelfälle jeweils gesondert zu bewerten. So beispielsweise das Zeugnisverweigerungsrecht, bei dem bestimmte Zeugen berechtigt sind, vor Gericht auf Befragungen hin zu schweigen. Entweder steht der Zeuge zum Beschuldigten in einer persönlichen Beziehung, ist etwa blutsverwandt, oder er steht in einem berufsbedingten Rechtsverhältnis als Anwalt, Steuerberater oder Arzt. Gehört ein Zeuge keiner der beiden Gruppen an, stehen ihm Zeugnisverweigerungsrechte nur zum Selbstschutz zu, wenn er sich etwa durch seine Aussage einer strafrechtlichen Verfolgung aussetzen würde. Der Zeuge ist ferner nicht verpflichtet, zu einer polizeilichen Vernehmung zu erscheinen. Das ist anders bei der Vernehmung durch den Staatsanwalt. Hier muss er erscheinen, kann jedoch von seinem Schweigerecht Gebrauch machen. Auch hier gilt, dass Zeugen entweder schweigen oder alle Fragen beantworten müssen. Eine Auswahl, wozu er spricht und wozu er schweigt, ist nicht möglich.

Zur Verschwiegenheit verpflichtet

Ist es im einen Fall das Recht zu schweigen, so im anderen die Pflicht: Bestimmte Berufsgruppen wie Ärzte oder Bankangestellte sind zur Verschwiegenheit verpflichtet. Bei Priestern gilt das Beichtgeheimnis, dass ihnen Schweigen auferlegt, um das besondere und exklusive Vertrauensverhältnis zu schützen. Ähnlich, wenn auch anders begründet, gilt es für Redaktionen, die durch ihr Schweigen Informanten absichern. Der Schutz von Betriebsgeheimnissen dient der Wahrung von Wettbewerbsvorteilen, die beispielsweise oft in jahrelanger und kostspieliger Entwicklungsarbeit erzielt worden sind.

Zum Dialog gehört aber der Austausch von Meinungen. Wer dann in Schweigen verfällt, verweigert praktisch den Austausch, wenn er Fragen nicht beantwortet. Schweigen kann speziell das Verweigern einer Antwort auf eine Frage oder generell eines Dialoges zum Ausdruck bringen. Das gilt insbesondere für sogenanntes eisiges Schweigen in Auseinandersetzungen oder ein langwieriges Schweigen in Partnerschaftskonflikten. Bisweilen wird im Streit ein einseitiges kalkuliertes Schweigen als Strafe eingesetzt.

Schweigen brechen

Ein besonders umstrittener Fall von Schweigen im Zuge von Ermittlungen war die Entführung des Bankierssohns Jakob von Metzler im Sommer 2002. Die Kriminalpolizei hatte bei der geforderten Geldübergabe Magnus Gäfgen, den Bekannten der Familie, verhaftet und stundenlang verhört. Für die Ermittler war er der Entführer, die Indizien waren unwiderlegbar. Gäfgen aber schwieg über den Verbleib des Jungen, machte stattdessen andere Angaben, um die Ermittler auf falsche Spuren und zu unbeteiligten Mittätern zu locken. Um das Schweigen über den Aufenthaltsort des – damals von der Polizei noch für lebend gehaltenen – Jungen zu brechen, wurde dem Verdächtigen mit Gewaltmaßnahmen gedroht. Am Ende führten Gäfgens spätere Aussagen zum Fundort der Leiche des Jungen.

Die Drohung des Polizeivizepräsidenten mit körperlicher Gewalt führte zur Diskussion in der Öffentlichkeit über die Zulässigkeit von Folter(androhung) im deutschen Rechtssystem. In unserem Zusammenhang ist Gäfgens Schweigen ein besonders krasser Fall der Verweigerung von Informationen. Die Polizei musste annehmen, dass er – weil er hartnäckig schwieg – trotz erdrückender Indizien nicht zur Rettung seines Opfers beitragen wollte. Und, wie wir inzwischen wissen, auch nicht konnte, weil er den Jungen kurz nach der Entführung bereits getötet und versteckt hatte.

Schweigen pflegen

Das Recht zu schweigen ist Teil der Strafprozessordnung. Lange war das Schweigen von Beate Zschäpe im NSU-Prozess vor dem Landgericht München in fast 250 Verhandlungstagen zu beobachten, allen eindringlichen Aufforderungen des vorsitzenden Richters oder der Anwälte der Nebenkläger, der Angehörigen und Freunde der Mordopfer rechtsradikaler Gewalt zum Trotz. Erst am 8. Dezember 2015 brach sie es. Oder doch nicht? Denn nicht sie selbst ließ sich auf die

Anklage ein, sondern einer ihrer Verteidiger verlas eine rund 50 Seiten lange schriftliche Einlassung. Das Ziel dieser Kehrtwendung war wohl, strafmildernde Gesichtspunkte in die Verhandlung einzuführen. »Tönendes Schweigen« charakterisierte die *Süddeutsche Zeitung* diesen Vorgang am 11. Dezember 2015.

Zschäpes Schweigen war wohl einerseits eine Form von Eigenschutz, zu dem der Angeklagten die Verteidiger in der Anfangsphase des Prozesses geraten haben. Den Angehörigen gegenüber war es aber eine Respektlosigkeit, weil sie deren berechtigtes Verlangen nach Aufklärung missachtete. Oder war das Schweigen der Angeklagten am Ende das unausgesprochene Eingeständnis von Schuld? Beobachter beschreiben, dass ihr das dauernde Schweigen offensichtlich schwerfalle, dass es sie Kraft koste bis hin zu psychosomatischen Symptomen wie Kopfschmerz und Übelkeit.

Ihr neuer Pflichtverteidiger Mathias Grasel erklärte zu dem langen Schweigen seiner Mandantin, es sei Zschäpe nicht möglich gewesen, ihr langes Schweigen im Prozess aus eigener Kraft zu brechen. Sie habe sich 2011 nicht gestellt, um dann zu schweigen, sei aber von ihren alten Pflichtverteidigern dazu gedrängt worden.

Vor Gericht jedoch gilt: immer schweigen oder immer reden. Schweigen muss dennoch als Verteidigungsstrategie mit ungewissem Ausgang gelten. Nebenkläger und Zuschauer könnten das anfängliche Schweigen der Angeklagten auch als eine Art von Schuldeingeständnis werten, selbst wenn dies dem Gericht nach der Strafprozessordnung nicht zusteht und deshalb bei der Strafzumessung keine Rolle spielen darf.

Das Schweigen der Beate Zschäpe übte eine eigenartige Faszination aus: einerseits ihr Versuch, auf diese Weise erst gar nicht in Versuchung zu kommen, mögliche Komplizen zu verraten. Da ähnelt ihr Schweigen der Omerta der italienischen Mafia, bei der eher eine Strafe in Kauf genommen wird, bevor ein Mittäter der Polizei preisgegeben würde. Dazu später mehr. Ihr Schweigen ist aber auch das schwer zu deutende Verhalten gegenüber den Opfern und deren Angehörigen. Und als sie durch ihren Anwalt ihre Aussage verlesen ließ, interpretierte das »Publikum« die Äußerungen als Ausflucht, als unglaubwürdigen Versuch, sich selbst von Mitschuld reinzuwaschen. Das oszillierende Schweigen der Angeklagten wird durch diese Aussage nicht eindeutiger, sondern bleibt interpretationsbedürftig wie zuvor das Schweigen. Wenig erstaunlich, dass sich auch andere als Juristen mit diesem Phänomen auseinandersetzten, etwa die Literaturnobelpreisträgerin Elfriede Jelinek.

Tobias Becker hat die Uraufführung von Jelineks »Das schweigende Mädchen« in den Münchner Kammerspielen rezensiert, wobei er sich mehr mit der schreibenden Nobelpreisträgerin auseinandersetzt als mit der schweigenden Angeklagten: »Zschäpe schweigt – und Jelinek schreibt, schreibt, schreibt, insgesamt 224 Seiten lang. Mal kalauernd, etwa über das Mädchen, das ›den

Haushalt in Schuss‹ hält, während die Schüsse woanders fallen, oder den Verfassungsschützer, der ›in keiner guten Verfassung‹ ist, ›der nicht schützt, aber immerhin auch nicht der Schütze ist‹.« Die Ausgangslage ist klar: »Uwe Böhnhardt ist tot, Uwe Mundlos ist tot, und Beate Zschäpe schweigt. Das schafft Raum für Spekulationen, für Imaginationen, für Assoziationen. Viel Raum also für die Spekulations- und Imaginations- und Assoziationsmaschine Jelinek.« Man müsse das nicht verstehen, eventuell könne man es auch gar nicht völlig verstehen, denn Jelinek kreise in ihrem Stück um ihre eigene Ratlosigkeit. Sie überdecke schwadronierend die Lücke, die das Schweigen Zschäpes aufgerissen habe, aber sie fülle diese Lücke nicht. »Dem Abend ist die Ratlosigkeit ob der Morde eingeschrieben, so wie auch Jelineks Stück, aber diese Ratlosigkeit transportiert sich auf denkbar unterschiedliche Art: Jelinek schreibt und schreibt und schreibt, wie besessen, um wenigstens das Schweigen zu vertreiben, wenn schon nicht die rechten Schlächter. Simons [Regisseur und Intendant; mt] holt das Schweigen in den Stoff zurück.« Dieses Schweigen lässt bei den Beobachtern, nicht nur bei dieser Schriftstellerin, Ratlosigkeit zurück.

Das Verhalten von Beate Zschäpe hat Jelinek auch zu einem vierteiligen Hörspiel »Das schweigende Mädchen« verarbeitet. In der *Süddeutschen Zeitung* wird es am 11. September 2015 unter der Überschrift »Schweigekartell« angekündigt. Dort wird das entscheidende Charakteristikum in der

Vorschau so zusammengefasst: »Im Anfang war das Wort: Die Schöpfungsgeschichte suggeriert, dass sich alles erzählen und erklären lässt. Ein Trugschluss. Manches lässt sich nicht erklären, anderes bleibt willentlich unerklärt. Mitunter fällt beides ineinander. Wie bei den NSU-Morden und dem Prozess gegen Beate Zschäpe. Bei der NSU war von Anfang an nur die Tat. Kein Wort, keine Erzählung der Täter, wie krude auch immer. Also auch keine Erklärungen. Oder, von Seiten der Strafverfolger, hanebüchen falsche. Im Prozess dann: mehr Schweigen als Worte.« Die Ankündigung erklärt dann, dass Jelinek den Prozess in ihrem Hörspiel zu »einem Jüngsten Gericht« transformiere. Das Terroristentrio stilisiere sie zu zwei toten Erlösern und der sie gebärenden Jungfrau – eine radikale Umdeutung der Heilsgeschichte. »Jelinek veranstaltet ein Tribunal, gerichtet gegen das Schweigen, Leugnen, Wegschauen.«

Doch die Literaturnobelpreisträgerin schließt einen Theatertext nicht endgültig ab. Nachdem Beate Zschäpe ihr Schweigen gebrochen hat, auch wenn der Informationsgehalt ihrer vom Anwalt verlesenen »Aussage« dürftig bis enttäuschend war, ergänzte Elfriede Jelinek ihren in Düsseldorf gespielten Text und schrieb unter anderem: »Wir hören zu, aber wir hören nichts«, sagt der Vorsitzende Richter auf der Bühne, »nur das Schweigen, das auf Papier laut wird, zu Lauten. Und dieses Sprechen ist ein Verbergen. Darüber müssen wir beraten und vertagen uns.« Schweigen und Verbergen werden hier als aufeinander bezogene Begriffe verwandt. Und zugleich wird das Schweigen als das interpretiert, als das es der Angeklagten zuzurechnen ist: verbergen, vernebeln, vertuschen.

Statt reden

Wovon man nicht reden kann,
darüber muss man schweigen.
LUDWIG WITTGENSTEIN (1889–1951)

Schweigen als Meinungsäußerung

Wer bei einer Abstimmung schweigt, stimmt zu, auch wenn er nicht die Hand hebt und damit sein Einverständnis ausdrücklich betont. So wird es allgemein eingeschätzt. Schweigen kann andererseits auch als die entgegengesetzte Meinung verstanden werden: Schweigen auf eine Frage wird meist gleich einer ablehnenden Antwort verstanden.

Man muss nur die Zeitung aufschlagen – Themen, zu denen viele Menschen eine Meinung haben müssen oder können oder wollen oder dürfen, gibt es zuhauf. Aber diese Meinung wird eher selten öffentlich geäußert. Lieber reiht man sich in die schweigende Mehrheit ein, die mal der eine, mal die andere für sich beansprucht. Wie etwa die EU-Kommissarin Cecilia Malmström, die zum umstrittenen TTIP-Abkommen zwischen EU und den USA meint: »Insgesamt gibt es in der EU wohl eine Mehrheit dafür, aber das ist eher eine schweigende Mehrheit. Die Kritik dagegen ist sehr laut.« Und vereinnahmt diese angebliche Mehrheit für sich, als gebe ihr das eine Rückendeckung.

Damit man ihr folgen kann, muss eine Meinung eindeutig sein – oder man sollte schweigen. »Rational wollen die meisten Menschen in Ruhe leben, die Politik interessiert nur, wenn es um eigene Pfründe geht. Satt und träge will niemand gestört werden. Der schweigenden Mehrheit ist egal, was im Land passiert. Ich habe für mich endlich verstanden, was die große Mehrheit will. Schweigen.« So schreibt es ein Blogger mit dem Nickname »Spontiv« im Internet.

Schweigespirale

Das ist die Gelegenheit, auf die »Schweigespirale« zu sprechen zu kommen. Ein Begriff, der auf die Gründerin des Allensbacher Meinungsforschungsinstituts Elisabeth Noelle-Neumann zurückgeht. Sie beschreibt darin ein Phänomen, demzufolge die Bereitschaft von Menschen schwindet, sich öffentlich zu ihrer Meinung zu einem in der Gesellschaft diskutierten (moralischen) Thema zu bekennen, wenn ihre eigene Auffassung von der formulierten Mehrheitsmeinung abweicht. Die Diagnose könnte lauten: Hier fehlt es an Zivilcourage. Noelle-Neumann versuchte so, auch Wahlergebnisse zu deuten, wenn beispielsweise das tatsächliche Wahlergebnis von den zuvor veröffentlichten Prognosen stark abwich. Die Befragten hätten eben nicht ihre wahre Meinung zu den Parteien genannt, sondern das, was sie den späteren (möglichen) Siegern zurechnen. Diese Theorie wurde zwar kritisiert und gilt weiter als umstritten, hat aber im Zusammenhang mit dem Internet nun auch international neue Beachtung gefunden. Forscher meinen herausgefunden zu haben, dass die »Schweigespirale« in den sozialen Netzwerken sehr viel häufiger auftritt als in unserem Alltag.

Tatsache ist, dass es eine große Mehrheit in der Bevölkerung gibt, die sich nicht äußert. Das mag unterschiedliche Motive haben: Scheu in der Öffentlichkeit, Unsicherheit ob der Richtigkeit der eigenen Position, Angst vor möglichen Repressalien am Arbeitsplatz oder Unmut im Bekanntenkreis. Noelle-Neumanns Ergebnisse waren aufgrund der besonderen Fragestellung und der überschaubaren Anzahl der von ihr Befragten zunächst sehr umstritten. Der positive Einfluss sozialer Netzwerke auf Meinungsvielfalt und Freiheit zur Meinungsäußerung scheint stark überschätzt worden zu sein. »Wer im richtigen Leben schweigt, der schweigt auch online«, so könnte die Zusammenfassung lauten. Trotz freier und unzensierter Informationen via Twitter oder Facebook vertrauen die Menschen etablierten Namen weiterhin mehr, wenn es darum geht, sich eine Meinung zu bilden.

In der Diskussion um die Flüchtlingsproblematik, Asylgesuche und Zuwanderung der letzten Jahre war immer wieder auch vom Schweigen der Zuschauer und Zuhörer die Rede. Von denen, die sich den randalierenden Rechtsextremen nicht widersetzten, sondern am Rand stehen blieben. So, als ob sie deren Verhalten billigten. »Die extreme Rechte ist dort stark, wo sie Zustimmung spürt. Die muss nicht mal laut sein. Schweigen als Einvernehmen reicht. Geschwiegen wurde aber nicht nur in der DDR oder zuletzt in Sachsen. Der ›Aufstand der Anständigen‹, wie ihn einst der Kanzler Schröder nach einem Brandanschlag auf die Düsseldorfer Synagoge forderte, ist viel zu oft ausgeblieben – in Ost wie West.« So formulierte es Ulrike Nimz in ihrem Kommentar in der *Süddeutschen Zeitung* vom 25.8.2015.

Schweigen als Ventil

Wenn die Worte fehlen, wenn die Stimme versagt, dann schweigen wir. Als Gemeinschaft, als Gesellschaft, wenn es gilt, beispielsweise den Opfern eines großen Unglücks zu gedenken, etwa nach dem Absturz der Germanwings-Maschine in den Alpen im März 2015. Die Ursache dieses vom Copiloten vermutlich bewusst herbeigeführten Unglücks war so unfassbar, dass sich im Schweigen ein Ventil öffnen konnte. Lautlos zwar, aber mit dem tröstenden Gefühl, in der allgemeinen Trauer nicht allein zu stehen. Und das nicht nur bei den unmittelbar betroffenen Angehörigen der Opfer, sondern weit über diesen Personenkreis hinaus.

Bei einer Schweigeminute wie etwa zum Atombombenabwurf über Hiroshima, die seit 70 Jahren in jedem Jahr zur gleichen Zeit gehalten wird, halten Menschen in ihren Alltagsabläufen und -tätigkeiten inne und gedenken still der Toten. Sie ist die öffentliche Bekundung der Trauer um die Opfer und für ihre Angehörigen.

Nach grausamen Unglücksfällen wie Naturkatastrophen, schweren Verkehrsunfällen oder Terroranschlägen ist diese eine Minute des Schweigens ein Zeichen von Gemeinsamkeit und Verbundenheit. Damit haben auch solche Personen, die den Opfern und Hinterbliebenen nicht persönlich nahestanden und daher nicht auf dem üblichen Wege kondolieren können, Gelegenheit, ihr Mitgefühl zu zeigen. Sie kann aber auch genutzt werden, um das Geschehene zu verinnerlichen.

Eine Schweigeminute stürmt die Charts

Über iTunes konnten User im August 2015 die Schweigeminute für 99 Cent kaufen, bei Amazon kostete sie 1,29 Euro. Es war eine Schweigeminute wie jede andere auch: 60 Sekunden, in denen man nichts hört. Ist das skurril? Der Titel »Schweigeminute für Traiskirchen« des österreichischen Künstlers Raoul Haspel stand sogar zeitweise auf Platz eins der Charts. Zu dem Zeitpunkt war der Track noch nicht einmal erschienen. Der Spitzenplatz beruhte zunächst auf den Vorbestellungen. Neben anderen hatte der österreichische Radiosender FM4 den Titel immerhin bereits »gespielt«.

60 Sekunden Schweigen im Gedenken an die Situation der Flüchtlinge in Traiskirchen. Wenn man bedenkt, dass Stille im Radio (und im Fernsehen) zu den Todsünden gerechnet wird und oft bestimmte Wortbeiträge zusätzlich durch Musik

unterlegt werden, dann liegt solches Vorgehen völlig neben den üblichen Formaten. Haspel wollte mit seiner außergewöhnlichen »Schweigeminute« auf die Situation der Flüchtlinge im Lager Traiskirchen, das etwa 20 Kilometer südlich von Wien liegt, aufmerksam machen. Zuvor hatte Amnesty International die Zustände in diesem Flüchtlingslager angeprangert. Den Menschenrechtlern zufolge herrschten dort unzumutbare Zustände. Es sei völlig überfüllt, es mangele an medizinischer Versorgung und Hygiene (*Spiegel-online* 19.8.2015).

Schweigen im Radio und – praktisch visualisiert – Testbild im Fernsehen gehören längst der Vergangenheit an. Heute werden da eher im Nachtprogramm Aufnahmen von Fischen in einem Aquarium gezeigt, die Aufnahmen einer Kamera im Führerstand der Berliner S-Bahn oder Bilder aus dem Weltraum. Nur keine Pausen entstehen lassen.

Weltbekannt wurde eine Schweigedemonstration während der Proteste um den Istanbuler Gezi-Park im Juni 2013. Der Tänzer Erdem Gündüz stellte sich auf den benachbarten Taksim-Platz und – schwieg. Er tat nichts als dazustehen und geradeaus zu blicken auf ein Porträt des Staatsgründers Kemal Attatürk. Kein Transparent, keine Erklärung kam von ihm, er tat nichts als zu schweigen. Die Sicherheitsbehörden waren zunächst ratlos, untersuchten ihn und seine Tasche, konnten aber nichts weiter unternehmen. Und doch wurde sein Protest sofort verstanden. Die Geste sprach sich herum, Gündüz fand Sympathisanten, »Mitschweiger«. Machthaber bringen Proteste gerne zum Schweigen. Wie aber Schweigen zum Schweigen bringen? Eine raffiniertere und zudem gewaltlose Form des Widerstands ist kaum vorstellbar.

Wozu reden?!

Schweigendem Mund
ist nicht zu helfen.
SPRICHWORT

Männer schweigen über Gefühle

Ein ganz anderes Beispiel für Schweigen: Männern wird gelegentlich vorgeworfen, sich an einem Gespräch nicht zu beteiligen. Als sei dies naturgegeben. Aber: Wenn Männer nichts sagen, dann ist genau das ihre Absicht, dann wollen sie damit auch meistens nichts sagen. So sagen es jedenfalls jene, die sich mit der Psyche von Männern auszukennen glauben. Schweigen ist da kein Zeichen von beleidigt sein, keine Bestrafung anderer Gesprächsteilnehmer(innen). Männer haben demnach manchmal einfach nichts zu sagen. Sie wollen nicht. Warum auch?

Und sie können sich trotzdem wohlfühlen. Zweckfreies Schweigen also. Aber in der Beziehung kann das Schweigen der Männer durchaus zu Problemen führen, etwa, wenn es um Gefühle geht. Und Schweigen kann, wie wir gesehen haben, durchaus auch ein Gesprächsbeitrag sein. Ein vieldeutiger, ein vielsagender. Aber ist es auch schon stillschweigende Übereinstimmung?

Schweigen paarweise

Beobachten wir ein Paar im Café: Sie redet irgendwas, immer einen Satz, dann Schweigen, dann wieder ein Versuch, dazwischen legt sie ihren Kopf schief, lächelt. Sie macht einfach alles, was Frauen tun, wenn sie einen Mann anhimmeln, bezirzen wollen und halt verliebt sind. Er lächelt nicht, nimmt nicht ihre Hand. Und er schweigt. So beschreibt Clara Ott in ihrem Artikel »Die Kunst des Schweigens« in der *Rheinischen Post* eine – nachvollziehbare – Szene. Und kommt zu dem Ergebnis: »Wenn einer von beiden einen Monolog hält und der andere keine Lust auf Konversation hat, kann es nur drei Gründe geben: 1. Er denkt nach, wie er Schluss machen kann, 2. Er denkt an eine andere Frau, 3. Sie ist Schauspielerin und übt gerade einen Monolog. Oder es geht um 4. Das verliebte Schweigen.« Ja und?, werden wir sagen. So etwas gibt es. Das Schweigen des Mannes stört, ja zerstört die Kommunikation.

Dabei könnte es auch ganz anders zugehen. Ein anderes Paar: Sie berührt ihn mit den Händen, umarmt ihn, küsst ihn. Er küsst sie. Sie reden nicht, sondern kommunizieren mit der Sprache der Liebe, die leise ist. Das Paar braucht nicht zu reden. Die beiden schauen sich an, lächeln und alles ist ihnen genug, wenn sie nur sich haben, sehen, fühlen. Irgendwann bricht sie das Schweigen mit der vorsichtigen Frage: »Wollen wir bezahlen?«, und er nickt zustimmend, denn er denkt schon seit einer halben Stunde über nichts anderes nach, als endlich aufzubrechen. Er fühlt sich schrecklich beobachtet in dem Café. Aber hätte er gesagt, dass er gehen will, hätte sie vielleicht angenommen, dass es ihm peinlich sei, mit ihr gesehen zu werden. Denn er weiß, dass Schweigen manchmal die sicherste Kommunikation zwischen Mann und Frau ist. Erneut von Clara Ott treffend beschrieben.

Ist es richtig, dass die meisten Flirts anfangs stillschweigend stattfinden? Die Augen beherrschen die Kommunikation – ohne Worte. Aber vielleicht hätten Worte diesen geheimnisvollen Moment auch nur zerstört. Clara Ott hält zwei Möglichkeiten parat, aus dem »flirtenden Schweigen« (erfolgreich) herauszukommen: Entweder mit einem selbstbewussten und bodenständigen: »Ich heiße Sebastian, und wie heißt du?«, oder einem ironischen: »Wenn du auch nur ansatzweise so schön redest, wie du schweigen kannst, muss ich dich einfach ansprechen.«

Miranda Richmond-Mouillot beschreibt in ihrem romanhaften Bericht »Anna und Armand«, »wie meine Großeltern im Krieg die Liebe fanden und das Leben sie dennoch für immer trennte«. Es ist die Geschichte um ein Familiengeheimnis, das sie in zehnjähriger Recherche auflöst. Zumindest ahnt der Leser, was die Eheleute nach ihrer Trennung in jahrzehntelanges Schweigen drängt. Einerseits ruft das Schweigen der Großeltern in der Autorin ein »schwindelerregendes Gefühl von Poesie« (S. 9) hervor, andererseits beschreibt sie dieses Schweigen als eine Last (S. 15). In der Begegnung mit ihrem Großvater erkennt die Enkelin, »dass er immer noch unter den Auswirkungen einer einzelnen Explosion litt, derjenigen, die ihn und meine Großmutter auseinandergesprengt hatte« (S. 55). Aber auch dies: »Sein Schweigen schien mir weit beredter als jedes Liebesgedicht, das ich je gelesen hatte« (S. 144). Die Autorin findet die schillernden Begriffe wie den des »Erinnerungsschweigens« (S. 177) oder die »schweigende Vergangenheit« (S. 302), ohne weiter zu erläutern, ob Schweigen ein Verdrängen ist oder Ausdruck von Diskretion. Sie ist einerseits betroffen, aber auch beeindruckt von der Fähigkeit ihrer Großeltern, »das Fortbestehen ihrer Beziehung an sich zu verschleiern« (S. 315), also den Mantel des Schweigens über das Erfahrene zu breiten. Schließlich die Ahnung einer Erkenntnis: »Die Ungeheuerlichkeit seines Schweigens, begriff ich, entsprach der Ungeheuerlichkeit des Wissens, das er aus Nürnberg [Armand war Dolmetscher der Nürnberger Kriegsverbrecherprozesse; mt] mitnahm. Er wusste nicht, wie er in einer Welt leben sollte, in der es Liebe und *das* gab.« (S. 337)

Das freundschaftliche Schweigen

Es gibt Situationen, in denen man einen echten Freund erkennen kann: Mit Freunden muss man schweigen können. Freundschaft liegt auf einer anderen Ebene als Partnerschaft, denn Verständnis, Vertrauen und gemeinsame Erlebnisse können funktionieren und problemlos im »Schweigemodus« gelingen. Gemeinsame Wertschätzung zeigt sich vor allem durch Schweigen. Wenn die These von Clara Ott zutrifft, dann müssen Freunde es sogar miteinander beherrschen, weil sie wissen, dass es dem anderen gutgeht, und wenn sie das Gefühl haben, dass das nicht der Fall ist, dann sprechen sie es an. Am Strand, im Auto, beim Sport, beim Fernsehen oder im Park. Es kann herrlich und befriedigend sein, wenn man mit Freunden die Klappe halten und trotzdem glücklich sein kann.

Es gibt Momente, in denen Schweigen bedeuten kann, dass man glücklich ist, befriedigt, zufrieden, sich wohlfühlt und mit sich und dem anderen eins ist. In diesen Augenblicken sollte das befriedigte Schweigen auch nicht mit einem »Ich liebe dich« zerstört werden. Denn im Idealfall bedeutet das Schweigen ohnehin gerade genau das.

Insgesamt und überall

Schweig', oder
red' etwas,
das besser ist denn Schweigen.
SPRICHWORT

Schweigen in Kriminalromanen

Nun würde man in der Literatur eine Menge Stellen finden, in denen das Schweigen eine Rolle spielt, im Theater sowieso, weil die Pausen, in denen niemand der Beteiligten spricht, einem vom Autor/von der Autorin gewollten Spannungsaufbau dient. Eher willkürlich ausgewählte Beispiele mögen verdeutlichen, wie sehr das Schweigen eine Handlung verzögert oder beschleunigt, aber auch eine bestimmte Stimmung widerspiegelt oder die Beziehung zwischen handelnden Personen verdeutlicht. Die hier angeführten Autoren sind die Schweden Hans Rosenfeldt und Michael Hjorth. Um den Kriminalpsychologen Sebastian Bergmann bauen sie ihre Romane.

In »Das Mädchen, das verstummte« wird das Schweigen der einzigen Zeugin eines brutalen Verbrechens zum zentralen Topos. Unter dem Schock, das Erschießen von zwei Erwachsenen, den Eltern ihrer beiden Cousins, die gleichfalls getötet werden, miterleben zu müssen, verstummt sie und kann sich nur durch das Malen von Bildern wieder langsam in die Gegenwart zurücktasten. Sie kann zunächst in eine Höhle fliehen. »Das Einzige, was sie hörte, waren ihre Atemzüge. Das Schweigen um sie herum war derart umfassend, dass sie genauso gut hätte taub sein können. Sie würde es nicht einmal merken, wenn sie hier drinnen taub und blind werden würde. Sie passten ihr gut, die Dunkelheit und das Schweigen.«

Die Autoren verstehen ihr Handwerk abseits des Krimi-Plots. Denn mit zwei Sätzen umschreiben sie den Charakter einer problematischen Beziehung: »Diesmal formulierte sie den Satz nicht einmal als Frage, also antwortete Sebastian nicht. Das brauchte er auch nicht, wie immer war Schweigen die beste Bestätigung.« Und später: »Ursula hatte nicht geantwortet. Was natürlich Antwort genug war.«

Aber auch in den Verhören mit Verdächtigen bringt das Schweigen des Verhörten eine eigene Dynamik: »Er bleibt stumm. Ein guter Plan. In diesem Land mögen wir unbequemes Schweigen nicht besonders. Also versuchen wir es auszufüllen. Schwätzen drauflos. Reden uns um Kopf und Kragen.« Als Profiler weiß Sebastian Bergmann Schweigen einzuordnen, deutet er doch so das Gespräch mit einem Verdächtigen.

Ohne dass es die Kollegin Vanja weiß, geht es an anderer Stelle um eine ganz andere Beziehungsproblematik. Sebastian Bergmann ist nämlich ihr

Vater, von dessen Existenz seine Tochter zu diesem Zeitpunkt nichts weiß: »Sie schwiegen fast die gesamte Fahrt über, aber das störte Sebastian nicht. Es gab unterschiedliche Arten von Schweigen. Diese war angenehm. Nicht feindlich und ausgrenzend, keine kühle Stellungnahme, sondern eine natürliche Stille zwischen zwei Menschen, die nicht jede Sekunde mit Geschwätz füllen mussten.« Die Autoren lassen also durch den Profiler auch die ganze Vielfalt des Schweigens aufblitzen. Und die zeigt sich nicht nur in Kriminalromanen, sondern, wie wir bereits gesehen haben, in der ganzen Buntheit des Alltags.

Der Polizist Erik versucht, das Verhör zu strukturieren und schweigt in der Hoffnung, den Verdächtigen Ceder auf diese Weise zu einer Äußerung zu provozieren. Aber: »Schweigen erfüllte den Raum. Ceder vermutete wohl, dass Erik auch ohne eine Antwort von ihm weiterreden würde. Aber als neunzig stille Sekunden verstrichen waren, begriff er, dass Erik das nicht tun würde.«

In dem Roman des Dänen Erik Valeur »Das siebte Kind« heißt es: »In diesem Augenblick wusste ich, dass er das Gleiche fühlte wie ich und dass sein Schweigen ein Schutzwall war, den wir um uns errichteten, wenn wir uns in Begleitung von Erwachsenen an exponierten Orten befanden.« Der Autor steigert die Dramatik und Intensität des gemeinsamen Schweigens, indem er fortfährt: »Wobei wir unsere gegenseitigen Gedanken so deutlich verstanden, als schrien wir in unserem Kopf den Satz, den alle Kinder gelernt haben, die sich einmal unter dem Dach von Kongslund befunden hatten: Lieber Gott! Lass uns nicht an diesem Ort zurück! Um Himmels willen!«

Das Autorenpaar Nicci/French bringt einen anderen Aspekt des Schweigens. In »Mörderischer Freitag« heißt es: »Tanya Hopkins kam mit einem Taxi, um Frieda abzuholen. Nachdem die losgefahren waren, hüllte die Anwältin *(Hopkins)* sich minutenlang in Schweigen. Frieda hatte damit kein Problem. Sie war daran gewöhnt. Manchmal saß ihr ein Patient eine ganze Sitzung lang gegenüber, ohne ein Wort zu sagen.« Schweigen also als Teil des Berufsalltags einer Psychologin. Zwar gehe es »normalerweise« in der Psychotherapie um Gespräche, aber solch eine schweigsame Sitzung könne auch eine Möglichkeit bieten, dem »Druck der Worte« zu entkommen, mit durchaus positiven Aspekten. Und weiter heißt es dann: »Doch obwohl Tanya Hopkins nicht sprach, hatte man bei ihr nicht das Gefühl, dass sie schwieg. Eine Form des beredten Schweigens also« (French, S.401).

Noch einen anderen Aspekt des Schweigens finden wir in Jonathan Franzens jüngstem Roman »Unschuld«: »›Ich lasse mich nicht wieder reinziehen‹, sagt Anabel, ›aber ich weiß, wie du tickst. Du interpretierst Schweigen als Kapitulation.‹« Und bekommt zur Antwort: »Und du erinnerst dich wohl nicht mehr daran, dass ich versprochen habe, dein Schweigen niemals mehr so zu interpretieren. In unserem allerletzten Gespräch.« Ein Paar in der Krise, Schweigen als Beitrag innerhalb der Auseinandersetzung (Franzen, S. 466).

Man mag einwenden: willkürliche Beispiele. Ja, aber sie zeigen beispielhaft, dass das Schweigen als Stilelement seinen Platz in manchem Roman hat, erst recht, wenn es um eine Kriminalgeschichte geht. Zeugen, die schweigen, helfen den Ermittlern nicht. Dabei machen sie nur von einem verbrieften Recht Gebrauch. Dennoch, so haben wir gesehen, kann das Schweigen der Kriminalisten durchaus auch zielgerichtet eingesetzt werden, um Erkenntnisse zu gewinnen oder auch nur, den Zeugen oder Tatverdächtigen zum Reden zu provozieren. Schweigen als Strukturelement von (Kriminal-)Romanen. Weitere Recherchen würden Vergleichbares auch in anderen literarischen Genres ergeben. Ein anderes Beispiel kennen wir von Heinrich Böll.

Ein Tonband »beschweigen«

Auf den ersten Blick passt Heinrich Bölls Kurzgeschichte »Dr. Murkes gesammeltes Schweigen« kaum in unseren Zusammenhang, sieht man einmal von der vordergründigen Begrifflichkeit ab. Im Plot geht es darum, dass ein Kulturrezensent, der in einem Rundfunkbeitrag 27 Mal den Begriff »Gott« benutzt, diesen durch die Formulierung »jenes höhere Wesen, das wir verehren« ersetzt lassen will. Redakteur Dr. Murke schneidet also – in vordigitalen Zeiten – »Gott« aus dem Band heraus und ersetzt es durch die gewünschte neue Formulierung. In einem anderen Beitrag wird aber »Gott« benötigt und Murke erhält von dem befreundeten Techniker als »Gegenleistung« Schweigen, das dieser wiederum an anderer Stelle hatte herausschneiden müssen. Murke ist so begeistert, dass er sogar seine Freundin animieren kann, ihm ein Tonband zu »beschweigen«.

Eine absurde, allerdings auch tiefgründige Satire des späteren Literaturnobelpreisträgers. Denn einerseits spitzt er die Nachkriegsdebatte um den schweigenden Gott zu, die »Gott-ist-tot-Theologie« machte Furore, es war nicht unbedingt der Karriere förderlich, sich zu einem Gott zu bekennen. Der Kulturkritiker steht für die Menschen allgemein. Und Murke entdeckt bei der Arbeit, dass Schweigen eine ganz besondere Dimension menschlichen Miteinanders eröffnet. Er nutzt das so entstehende Band, um sich zu Hause von der Geschwätzigkeit seiner Umwelt zu erholen. Ob dies möglicherweise einen Zugang zu Gott ermöglicht, ist Interpretationssache. Böll meinte, der Figur des Murke obliege es, »dem Schweigen einen Altar zu bauen«.

Schweigen im Film

Schweigen im Film – sicher gibt es das, sonst gäbe es ja keinen Stummfilm. Alberner Witz, gewiss. Aber gar nicht so weit hergeholt. Die digitale Filmdatenbank der Fachzeitschrift *filmdienst*, der *Cinomat*, führt insgesamt 136 Einträge auf, in denen »Schweigen« vorkommt: Von »Am Ende des Schweigens« (1951) bis zu »Zorniges Schweigen« (1960). Und dass der älteste aufgeführte Film

»Der Turm des Schweigens« von 1924 (Regie: Johannes Guter) tatsächlich ein Stummfilm ist, mag nicht verwundern.

Darin geht es um einen abgeschieden lebenden Erfinder, der manisch an einer mysteriösen Flugmaschine arbeitet. Über die Jahre verhärmt er emotional immer mehr und stürzt damit Frau, Tochter und Familie fast ins Unglück. »Bildgewaltiger, technisch versierter Stummfilm, der formal virtuos mit den Stimmungen des Expressionismus, inhaltlich nicht minder überzeugend mit den Dramaturgien von Abenteuerfilm und Melodram spielt«, schreibt der *filmdienst*, ohne näher auf die Rolle des Schweigens einzugehen, der Leser muss es sich zusammenreimen.

Wer sich mit dem Phänomen des Schweigens beschäftigt, der kommt um Ingmar Bergmans Film »Das Schweigen« nicht herum. Nur wenige Filme haben so großes Aufsehen erregt, Proteste hervorgerufen und wilden Spekulationen Raum gegeben. Der Inhalt ist schnell zusammengefasst: Ester, ihre Schwester Anna und deren neunjähriger Sohn Johan müssen ihre Heimreise unterbrechen, weil die lungenkranke Ester einen Zusammenbruch erleidet. Sie landen in einer fremden Stadt, deren Einwohner eine unverständliche Sprache sprechen. Diese Unfähigkeit zur Kommunikation untereinander wie zu den Menschen um sie herum ist beklemmend. Die drei sind völlig isoliert. Sie fallen in ein Chaos der sexuellen Begierde, der Exzesse und des Hasses.

Hier geht es nicht um Schweigen im herkömmlichen Sinn, sondern um die Unfähigkeit zur Kommunikation generell, auch um das Unvermögen, Beziehungen zu schaffen. »Bergman inszeniert ein Inferno der Angst, Verwirrung und Hilflosigkeit, wobei gerade das Fehlen lautstarker Katastrophen dem Film eine Aura eisiger Kälte und suggestiver Bedrohung verleiht. Die Schockwirkung beruht weniger auf spekulativen Details als vielmehr auf der stilistischen Geschlossenheit und Strenge des Films, die allgemein auf Existenznot und universelle Entfremdung zu verweisen scheint. Das in einem gottverlassenen, artifiziellen Niemandsland angesiedelte Werk Bergmans ist eine Parabel, die in ihrer Symbolfülle Raum für unterschiedliche Deutungen gibt.« So lesen wir im *Cinomat*.

Auf beeindruckende Weise beschäftigt sich ein sehr aktueller Film mit dem Schweigen: »The Look of Silence« des amerikanischen Filmemachers Joshua Oppenheimer gibt den Opfern des Massenmords in Indonesien in den 1960er-Jahren eine Stimme. »Das Schweigen und die Flucht vor der Vergangenheit ziehen sich als kommunikative und mentale Verweigerungs- und Überlebensformen motivisch durch den Film«, schreibt Esther Buss. Zu finden seien sie nicht nur bei den Opfern, die immer noch Angst haben zu sprechen, sondern ebenso bei den Tätern. Und Josef Lederle zitiert in der gleichen Ausgabe des *filmdienst* zum gleichen Film den Anfang von Ralf Rothmanns Roman »Im Frühling sterben«: »Das Schweigen, das tiefe Verschweigen, besonders wenn es Tote meint, ist letztlich ein Vakuum, das das Leben irgendwann von selbst mit Wahrheit füllt.« In diesem Roman geht es um das Kriegstrauma des Vaters, der über seine grauenhaften Erlebnisse als deutscher Soldat nie ein Wort verlor, obwohl sie wie Blei auf seiner Seele lasteten. Schweigen kann also, so die zusammengefasste Aussage, niemals einen Ausweg bilden, weder für Täter oder – neutraler – Akteure, erst recht nicht für die Opfer. Schweigen als therapeutischer Akt – nicht unbedingt ein guter Rat.

Schweigen bleibt in Erinnerung

Wenn ältere Fernsehzuschauer in ihrem Gedächtnis kramen und nach besonders erinnerungswürdigen Ausgaben des ZDF-Sportstudios gefragt werden, dann kommt sehr bald der Hinweis auf Rainer Günzlers Interview mit dem Boxer Norbert Grupe im Juni 1969. Denn dieser verweigerte Antworten auf jegliche Fragen – und schwieg. Dass er exzentrisch war, verriet schon sein Kampfname »Wilhelm von Homburg«. Und tatsächlich wird sich heute kaum jemand an einen seiner Kämpfe, gar mögliche Titelgewinne erinnern. Im kollektiven Gedächtnis der Sportstudiogemeinde bleibt sein Schweigen haften. Schweigen als Marketinginstrument, ohne von vorneherein den Erfolg abschätzen zu können.

Wie wir inzwischen wissen, war Grupes Verhalten nicht einfach nur Maulfaulheit, sondern wohl kalkuliert: Ein Jahr zuvor war er beim gleichen Gastgeber bereits im Sportstudio gewesen. Der Boxer fühlte sich anschließend vom Moderator vorgeführt, denn als Grupe seinen letzten Kampf aus subjektiver Sicht ziemlich positiv schilderte, zeigte Günzler einen Zusammenschnitt von Szenen, in denen der Boxer gründlich verprügelt wurde. Das hatte den Boxer derart geärgert, dass er sich vornahm, den Moderator beim nächsten Mal »saudumm« aussehen zu lassen. Kein Wunder – Grupe war in der Branche als unberechenbar und größenwahnsinnig bekannt.

Nicht, was jemand sagt, erweckt also Aufmerksamkeit und bleibt im Gedächtnis, sondern dessen Schweigen. Ist das nicht verblüffend?

Vergangenheitsbewältigung

Ein Beispiel, das für viele stehen mag: Die 18-jährige Ursula will nach dem Abitur für ein Jahr nach Israel gehen. Wir schreiben die 1980er-Jahre. Sie findet eine Familie, in der sie als Au-pair arbeitet. Ihre Aufgaben: ein bisschen Hausarbeit und vor allem die Kinder außerhalb der Schulzeit betreuen. »Und wie war die Verständigung?« – »Die gab es zunächst gar nicht. Wir haben die ersten Tage nur geschwiegen.« Erst im Abstand der Jahre versteht sie. Wegen der Geschichte der Familie, der Eltern und Großeltern, hat es allen zunächst die Sprache verschlagen, sind alle stumm geworden. Nicht zu fassen, dass jetzt eine junge deutsche Frau gleichsam als Familienmitglied aufgenommen wurde. Wo doch ältere deutsche Männer die Familienmitglieder gequält, manche ermordet hatten. Die einen ließ die Geschichte schweigen, die anderen die Scham über das Geschehene. Später hat man zueinander gefunden, eine Freundschaft entstand, als das Schweigen überwunden war.

Schweigen im Fahrstuhl und im Wartezimmer

Es soll Menschen geben, die auf den Fahrstuhl so lange warten, bis sie alleine fahren können. Sie freuen sich, wenn sich die Türen öffnen und der Fahrstuhl leer ist, und noch glücklicher sind sie, wenn sie alleine vor dem Fahrstuhl warten, ihn alleine betreten und alleine wieder verlassen können. Solche Menschen erkennt man daran, dass sie sich in letzter Sekunde, wenn der Fahrstuhl kommt, doch noch für die Treppe entscheiden. Jeder kennt die Situation im Fahrstuhl, wenn mehrere Gäste »an Bord« sind: Alle blicken auf den Boden, aus den Glastüren, auf die Digitalanzeige der Stockwerke, tippen in ihr Smartphone oder starren blicklos in die Luft. Es wächst betretenes Schweigen, aus Verlegenheit, auch Unsicherheit, aus Ratlosigkeit.

Übrigens eine Situation, die auch mit der in diversen Wartezimmern vergleichbar ist: Bei Ärzten jeglicher Fachrichtung, beim Einwohnermeldeamt, dem Finanzamt oder anderen Behörden sorgen die Anwesenden für eine schweigende Atmosphäre, in der Ungeduld, Aggressionen, Ängste, blanke Nerven spürbar werden. Denn jeder hat einen guten Grund – und oft keinen angenehmen –, ausgerechnet jetzt in diesem Wartezimmer zu sitzen. Niemand redet, außer einer genuschelten Grußformel kommt keinem etwas über die Lippen. Spielt ein Kind in einer Ecke und fragt lautstark die Mutter, dann ist das dieser peinlich und die übrigen Wartenden empfinden es als störend. Clara Ott stellt in dem oben erwähnten Artikel fest: »Und wenn man an der Reihe war und endlich aus der Warteschleife zurückkehren kann in sein Leben – dann kann man es kaum erwarten, jemandem zu erzählen, was man gerade erlebt hat.«

Schweigen in der Erziehung

Schweigen ist eine zweifelhafte Erziehungsmaßnahme. Es mag ja vorkommen, dass eine Mutter, ein Vater sich der pubertierenden Heranwachsenden nicht anders zu erwehren weiß, als sie mit Schweigen zu strafen. Immerhin wird von Fußballtrainer Felix Magath berichtet, dass er Spieler in sein Büro bestellte, »um dann minutenlang kein Wort zu reden. ... In München soll es Lukas Podolski gewesen sein, dem Magath während der fünfminütigen Audienz nicht mehr mitzuteilen hatte als ein geseufztes ›Poldi, Poldi ...‹«, wie Philipp Selldorf in einem Artikel der *Süddeutschen Zeitung* schreibt. Eine Kommunikationsform unter erwachsenen Männern?

Eher autoritäres Gehabe jenseits des Bemühens um einen Dialog, um den Austausch von Argumenten. Vielleicht ist das im Profifußball nicht möglich, nicht gewünscht. Und wahrscheinlich ist das auch eine Spezialität dieses einen Trainers, der ebenfalls für andere rabiate Methoden in der Branche bekannt ist. Zeitweise hatte er aber auch messbaren Erfolg, wie seine Meistertitel mit dem FC Bayern München 2005 und 2006 und dem VfL Wolfsburg 2009 zeigen.

Eine andere Dimension der Pädagogik, sicher einfühlsamer und menschlicher als die des Fußballlehrers, findet sich in einem Roman von Ulla Hahn: Der Lehrer Rosenbaum ermuntert die Protagonistin Hilla Palm zu ihrem Wechsel auf das Aufbaugymnasium und gibt ihr einen wichtigen Rat mit: »Lerne zu schweigen. Schweigen ist Macht.« Um dann weiter zu erläutern: »Behandelt man Dich ungerecht, beleidigt man Dich, sag kein Wort, schau sie nur an – und denke. Denke, was Du willst! Lass Dich nicht hinreißen. Es gibt nichts Stärkeres als Wut – außer der Kraft, die sie zurückhält, die ist stärker« (Hahn, S. 16). Deutlich wird, dass Schweigen Kraft erfordert, Disziplin. Und oft, gerade in emotional herausfordernden Momenten, das Gefühl des Sieges hinterlässt, auch wenn niemand sonst dies bemerken würde.

»Jahrelang wechselte Joschi kein Wort mehr mit ihm, nicht einmal bei den weihnachtlichen Zusammenkünften bei Papa daheim.« Dies berichtet Karl-Heinz Ott in seinem Roman »Die Auferstehung«. Der Schwager Fred hatte Joschi vor Jahren öffentlich verhöhnt. Mehrfach hatte er versucht, dieses strafende, aber auch verachtende Schweigen zu brechen, indem er sich mal jovial, mal zerknirscht entschuldigte. Ohne Wirkung. Erst nach langer Zeit reden beide wieder miteinander, ohne dass die übrigen Familienmitglieder den Grund kennen. Für Joschi hatte offenbar, so kann man es deuten, das Strafschweigen irgendwann seine Aufgabe erfüllt (Ott, S. 205f).

»Schweigen ist Schutz«

Mehr oder weniger zufällige und keineswegs repräsentative Beispiele, in welch unterschiedlichen Facetten Schweigen als Phänomen und/oder Verhaltensweise in Literatur, Sport und Politik vorkommt: »Es ist ein wohlwollendes Schweigen, das Antonios fadenscheiniges, mottenzerfressenes Deutsch vor den anderen Fahrgästen versteckt. Ein Schweigen, in dem man gut einige Stunden sitzen kann. Antonio schaut zum Fenster hinaus« (Boos, S. 120). Es geht um einen Neuankömmling in Deutschland, der die Sprache und auch die Lebensweise des neuen Landes und seiner Menschen noch nicht einzuschätzen vermag. Schweigend beobachtet er seine Umwelt. Das ist Zeichen nicht nur von Schüchternheit, sondern auch von kluger Vorsicht.

Oder: »Schweigen hat sich doch für die Merkel bisher stets bewährt. Warum sollte die das jetzt gerade ändern? Gewählt wird sie ja trotzdem« (im Internet am 18.8.2015 zum damals noch anhaltenden Schweigen der Kanzlerin zur Flüchtlingsproblematik). Zu diesem Zeitpunkt war noch nicht abzusehen, welche Dimensionen die große Zahl an Flüchtlingen im Sommer 2015 annehmen würde. Und dass Angela Merkel im September nach langem Schweigen für viele überraschend deutlich Stellung bezog und für ein fremdenfreundliches Deutschland eintrat. Mag sein, dass ihr Schweigen zuvor dem Nachdenken darüber geschuldet war, wie sie am sinnvollsten reagieren könnte und eben nicht mit dem Zaudern gleichzusetzen war, das Kritiker zuvor immer wieder bei ihr festzustellen meinten.

Dennoch bleibt anzumerken, dass das Schweigen – vielleicht nur im übertragenen Sinn – auch zur Folge hatte, dass sich niemand so recht mit der Tatsache befasste, dass Deutschland Hunderttausende Flüchtlinge, Vertriebene und Heimatsuchende im Jahr 2015 (und in den Folgejahren) aufnehmen musste. Obwohl absehbar war, dass die Zahl eher wachsen denn sinken würde, dauerte es quälend lange, ehe sich Politik (und Wirtschaft und Kultur und Zivilgesellschaft insgesamt) darauf einstellten, dass es größere Herausforderungen geben würde als die Wiederholung des Mantras, Europa müsse an den Außengrenzen geschützt werden und Flüchtlinge seien, da gut ausgebildet, eine Bereicherung für unser Zusammenleben. Statt Schweigen wäre hilfreich gewesen, nicht allein auf die Mitmenschlichkeit vieler Bürger in einer Willkommenskultur zu setzen, sondern Konzepte zu entwickeln, wie diese Herausforderung zu meistern wäre.

Ein weiteres Beispiel: »Zum System Leistungssport gehört das Weghören und das Schweigen.

Weghören ist Schutz. Schweigen ist Schutz und Lüge« (Holger Gertz). Es ging um Homosexualität im Leistungssport. Gertz hatte mit dem früheren Fußballnationalspieler Thomas Hitzlsperger über die Reaktionen nach dessen Outing gesprochen.

Und eines ist auch richtig: Wenn der eine nur schweigt, fängt der andere an zu reden – obwohl der vielleicht auch viel lieber schweigen würde. Beispiel gefällig? »Peter Handke, selbst kein großer Plauderer, sagt, dass er im Zusammensein mit Wenders manchmal nur redet, weil er das Schweigen seines Freundes nicht erträgt«, so Gabriela Herpell in einem Artikel zum 70. Geburtstag von Wim Wenders im Magazin der *Süddeutschen Zeitung*.

Es gibt ein Schweigen, um jemand anderen zu schützen. Herausragendes Beispiel dafür ist das Schweigen der Familie von Michael Schumacher und seines Umfelds nach dem schweren Skiunfall im Dezember 2013. Diese Menschen leben »zwischen schweigen und klagen und warten und hoffen«, wie Michael Neudecker in der *Süddeutschen Zeitung* schrieb. Und mit Klagen ist nichts Wehleidiges gemeint, sondern die juristische Auseinandersetzung mit jenen Medien, die etwa wie die aktuelle eine Schlagzeile formulieren: »Ein Insider: ›Er ist nicht mehr unter uns!‹«, und klein darunter: »Wann bricht die Familie ihr Schweigen?« Frei erfunden. Aber die Grundfrage auslösend: »Befeuert sich das nicht gegenseitig, das Schweigen und Klagen? Gäbe es den Klatschblatt-Irrsinn ohne das Schweigen?« Für Schuhmachers Managerin Sabine Kehm ist klar: »Die Botschaft entsteht immer beim Empfänger.« Und weil das so ist, schweigt sie. Aber so neu ist das auch nicht. Denn schon zu Schumachers aktiver Zeit waren dem Rennfahrer echte Freunde wichtig. Menschen, die sich wichtig nahmen, fanden sich dort nicht. Deshalb gibt es auch keine Antwort auf die Medienfrage: »Wann bricht die Familie ihr Schweigen?« Denn Michael Schumachers Haltung in Sachen Privatleben war schon immer klar und eindeutig: Schweigen ist der beste Weg, ihn und seine Familie zu schützen. Weil seine Managerin Sabine Kehm überzeugt ist, dass das sein Weg ist. Schweigen also nicht aus Verlegenheit oder Feigheit, sondern zum Schutz eines Schwerverletzten.

Nicht allein

Nichts ähnelt einem Weisen mehr
als ein Narr,
der den Mund hält.

FRANZ VON SALES (1567–1622)

Vom zarten Pastell zum groben Schwarz

Schweigen ist also ein an unterschiedlichen Stellen auftauchendes Phänomen. Gleichsam in mannigfachen Schattierungen. Vom zarten Pastell zum groben Schwarz, vom blendenden Weiß bis zum unentschiedenen Grau. Nicht immer schön anzusehen, selten eindeutig zu verstehen, aber durchaus immer reizvoll, an- und aufregend. Nicht unbedingt gut beleumundet, aber ein wirkungsvolles Mittel der Kommunikation. Und das in einer Gesellschaft, in der wir von morgens bis abends mit Geräuschen geflutet werden: in Hotelaufzügen und Kaufhäusern, zu Hause aus Radio oder Fernsehen, in den U-Bahnen über die Kopfhörer mit Musik aus Smartphone oder MP3-Player.

Einen literarischen Beleg finden wir in dem Roman von Karl-Heinz Ott »Die Auferstehung«, in dem es um die vermeintlichen Erbschaftsansprüche unter vier Geschwistern in Konkurrenz zur letzten

Pflegerin ihres Vaters geht. Hier lässt der Autor einen der Söhne, Jakob, über seine Arbeit als freier Mitarbeiter sinnieren. Er ist unzufrieden. Und seine Gedanken gipfeln in der vermeintlichen Erkenntnis, dass er es mehr und mehr mit »mätzchensüchtigen Kameraleuten« zu tun hat, die bestimmten, »was in die Kiste kommt, gar nicht zu reden davon, dass die Redakteure am Ende noch die übliche Musiksoße drunterlegen, damit bloß keine Stille entsteht« (Ott, S. 140). Und wer als Zuschauer aufmerksam das Fernsehprogramm verfolgt, wird leicht feststellen, dass zumindest in den fiktionalen Beiträgen gerne Musik eingesetzt wird, um eine dem Geschehen angemessene Atmosphäre zu verschaffen. Als ob das Publikum nicht intelligent genug wäre, die notwendige Einordnung selbst vorzunehmen.

Insel im Lärm

Zu einer Insel inmitten von Lärm und Geräuschen kann das Schweigen werden. Zu einem geistigen Ort des Innehaltens, der Besinnung. Es kann in Meditation übergehen, zu autogenem Training wachsen. Kann bewusst machen, dass wir uns so leicht einlullen lassen von der Musik im Supermarkt, die den umfangreicheren Konsum fördern soll, die das Fahrstuhlschweigen überbrücken hilft. Watte für die Ohren. Belanglos, ohne Spannung, ermüdend. Wenn es denn Musik ist. Andere Geräusche sind durchdringender: Sirenen, Autohupen, Fahrradklingeln in der Großstadt. Sie alle können schmerzen.

Und dann spricht jemand von dröhnender Stille. Ist es das, was nicht nur dröhnt, sondern auch stört? Weil wir die Kulisse für die Ohren brauchen, weil wir sonst auf uns selbst zurückfallen? Schweigen kann Stille erzeugen. Die aber müssen wir erst lernen auszuhalten. Uns einlassen auf einen Zustand, in dem nichts geschieht, in dem alles ruht. Wir kommen zur Ruhe und überlassen uns unseren Gedanken, Erinnerungen, Empfindungen.

Wir sollen Geduld haben mit dem Schweigen, mahnt Richard Rohr. »Es schenkt uns ein bisschen, und wenn wir die erste Portion nicht missbrauchen, dann schenkt es uns ein bisschen mehr.« Es sei, wie wenn man im Wasser dahintreibe. Sobald man nicht mehr dagegen ankämpfe, gehe es besser. »Lassen Sie dem Schweigen sein offenes Ende. Versuchen Sie nicht, alles zu glätten. Drängen Sie nicht zur Auflösung von Konflikten. Suchen Sie keine glatte, schnelle Antwort, sondern lassen Sie alles für eine Weile im Schweigen.« Das ist eine Herausforderung. Denn dann verlangt das Schweigen auch Geduld, eine gewisse Gelassenheit. Abschied von der Orientierung an einem Ergebnis.

Eine sehr schöne »Schweigeszene«, in der es unausgesprochen um die Balance zwischen Zuneigung und Ablehnung zweier Menschen geht, beschreibt Bettina Storks in ihrem Roman »Die Stimmen über dem Meer« (S. 125): Die Protagonistin Morgane sitzt an der Theke einer Kneipe in der Bretagne, nachdem sie die Einladung zu einem Glas Wein ihres Nachbarn abgelehnt hat. »Lange saßen sie schweigend nebeneinander, beide den

Blick auf ihr Glas gerichtet.« Ihr fällt der Ausspruch ihrer Mutter ein: »Nirgendwo schweigt man schöner als in einer bretonischen Kneipe.« Und der Leser vermeint die rauchgeschwängerte Luft zu riechen, die sich mit den Ausdünstungen aus der Küche, von Menschen und diverser Reinigungsmitteln angereichert hat. Aber mit Fremden zu schweigen sei unangenehm, heißt es weiter, »als teile man notgedrungen eine Intimität, etwas sehr Persönliches, ohne einander zu kennen«.

Geschwister

Schweigen und Stille sind Geschwister. Dabei müssen sie nicht unbedingt gemeinsam auftreten. Schweigen während eines Konzerts erzeugt ja nicht nur Stille, sondern dient der Aufmerksamkeit, erhöht den Genuss. Aber es gibt Zeiten, in denen so etwas wie eine Sehnsucht nach Stille wachsen kann. Weil die uns umgebende Welt stets neue Geräusche bis hin zum Lärm entwickelt, mag ein Ort ohne diese Laute zum Wunschort werden. Abseits, allein, nur sich selbst überlassen. Lorenz Wachinger nennt es in seinem Beitrag »Mitten im Lärm – Schweigen« in der Zeitschrift *Christ in der Gegenwart* »eine Art fundamentalen Freiseins«. Frei von Kommandos und Zwängen, frei für Erinnerungen und Loslassen. Es sei ein »Aussteigen aus der Welt der Erklärungen, der Befehle und Verbote«.

»Die größten Ereignisse – das sind nicht unsre lautesten, sondern unsre stillsten Stunden«, sagt

Friedrich Nietzsche. »Ins Stillsein sich eingewöhnen heißt einfach: die Muskeln entspannen, die Gesichtsmuskulatur zuerst. In die Lebensform des Passivseins sich fügen, statt immer nur angespannt, im Aktiv leben«, so Lorenz Wachinger. Stille setzt also Schweigen voraus.

Anselm Grün leitet an zu einer ganz einfachen Übung: »Setz dich einmal in dein Lieblingszimmer und genieße die Stille. Nimm wahr, dass alles, was in deinem Wohnzimmer steht und hängt, auch ein Bild für dich ist« (CiG 38/2015).

Das Echo des Schweigens

Das Schweigen hat einen Bruder: das Hören. Am deutlichsten im Theater oder im Konzertsaal zu beobachten. Schweigen ist hier mehr als nur bürgerliche Konvention. Ohne das Schweigen des Publikums wäre eine Aufführung nicht möglich. Schon ein leichtes Räuspern, Hüsteln oder gar Schnarchen wird mit einem missfallenden Schubs des Nachbarn geahndet. Schweigen erhöht die Konzentration, erst dann wird Hören in vollem Umfang möglich, wenn störende Nebengeräusche ausgeschaltet sind.

Anselm Grün macht auf einen uns heute skurril erscheinenden Aspekt des Hörens aufmerksam: »Laute und Töne, so meinten die alten Griechen, gelangen nicht in das Gehirn, sondern in das Zwerchfell und verursachen dort Gefühle. Hören hat vor allem mit innerem Angerührt-Werden zu tun« (Grün 2, S. 51). Der Philosoph und

Naturforscher Theophrast von Eresos nenne daher den Hörsinn den »emotionalsten unter allen Sinnen«. Die Emotionen gingen über das Hören. Im Hören habe man teil an den Emotionen des anderen. Und im Aufeinander-Hören würden unsere Emotionen angeregt, damit sie uns in Bewegung bringen.

Auf die Stille hören

Dass das Hören über die Ohren geschieht – eine Binsenweisheit. Aber anders als die Augen, die wir mit dem Lid verschließen können, haben die Ohren keine solche »Abwehrfunktion«. Dabei wünschen wir uns manchmal solch ein »Ohrenlid«: Wenn der Lärm der Straße das Einschlafen verhindert, wenn unangenehme Geräusche die Konzentration stören, wenn auf Konferenzen Belangloses zum Problem hochstilisiert wird. Wie sehr würden wir uns dann ein Ohrenlid wünschen. Gesenkte Augenlider können besondere Aufmerksamkeit signalisieren, können vermeiden, dass wir schreckliche Bilder ansehen müssen, Augenlider können zwinkern und stumme Kommunikation ermöglichen. Die Ohren sind da augenscheinlich benachteiligt. Aber es gibt so etwas wie eine »Ohrenlidprothese«: Kopfhörer, die uns abschotten von der Außenwelt, die uns ermöglichen, nur die Töne an uns heranzulassen, die wir gewählt haben.

Aber selbst dann hören wir noch Geräusche von außen. Vor allem: Wir können uns selbst hören. »Wir können nicht anders als hören. Und wir hören uns selbst. Selbst wenn wir meditieren und ganz still werden, hören wir auf die Stille, hören wir auf das, was sich in unserem Inneren zu Wort meldet« (Grün 2, S. 52).

Und dann gilt es noch etwas zu beachten: Wenn wir hören, ist das eher beiläufig. Unsere Sprache kennt aber auch das Horchen. Das bezeichnet eher etwas aktiv Unternommenes. Ich horche beispielsweise an der Wand, worüber die Nachbarn streiten. Der Jäger horcht im Wald auf die Geräusche des Wildes. Der Geheimdienst horcht beim Telefonat, ob Verdächtiges ausgetauscht wird. Und auch beim Horchen gilt: Wenn es still ist, wenn es keine Nebengeräusche gibt, gelingt es am besten.

Ein Dreiklang

Schweigen – Stille – Hören ist ein Dreiklang, der zusammengehört. Nicht in jeder Situation. Denn auch im größten Rummel kann Schweigen angesagt sein. Aber alleine im Wald, wenn die Vögel singen und die Blätter rauschen, das ist ein besonderes Erlebnis. Die Beispiele ließen sich fortsetzen: In einer Kirche sitzen und nur die Geräusche der Stadt wahrnehmen, das Klingeln der Straßenbahn, ein Martinshorn, quietschende Bremsen, Menschenrufe, Schuhgeklapper. Das kann eine Oase sein, im besten Fall sogar eine spirituelle Erfahrung. Oder gelegentlich in absoluter Stille dem eigenen Atem lauschen, dem pochenden Blut in den Ohren, das Klopfen des Herzens spüren. Augenblicke des Einsseins mit sich selbst.

Es kommt darauf an, sensibel und hellhörig zu sein. Abt Barnabas Bögle OSB verweist auf die Regel des Heiligen Benedikt. Dieser fordere immer wieder dazu auf, »zu hören, die Ohren nicht verstopfen mit irgendwelchem Lärm, den Verstand und das Herz nicht träge werden lassen«. Nur der Mensch, der mit offenen Augen und Ohren, der mit wachem Herzen seine Tage lebe, der sei fähig für ein Leben in Gemeinschaft, für echte Freundschaft, für eine Partnerschaft, die hält (»Aus der Stille leben«, S. 30).

Stille ermöglicht, auf Wesentliches zu stoßen, »um zu uns selbst zu finden«, wie es Sr. M. Bartholomäa Janßen MSC ausdrückt. Es gebe so viele Angebote, die Zerstreuung brächten. »Doch es gibt ebenso viele Angebote, die zur inneren Einkehr führen wollen – eben weil es notwendig ist, um wirklich zu leben und nicht gelebt zu werden«, schreibt sie weiter in »Aus der Stille leben« (S. 10). Es gehe darum, »Zeit für sich selbst« zu finden. Schweigen kann dazu ein Weg sein.

Es sollte gelingen, die Erlebnisbögen von Tag und Nacht, Ruhe und Anspannung, Reden und Schweigen, Genuss und Verzicht so miteinander abzuwechseln, dass Leben gelingen kann. Sr. Aurelia Spendel OP sieht darin nicht die Erfahrung von Gegensätzen, »die sich ausschließen oder sich sogar bedrohen«. Für sie gehören scheinbare Gegensätze zusammen, sie »öffnen sich füreinander und kommen miteinander in eine belebende Schwingung« (»Aus der Stille leben«, S. 156).

Schweigen – die Mutter aller Tugenden

Nachdem wir eine Reihe von Facetten des Schweigens aufgeblättert haben, sei ein weiterer Gedanke angefügt: Ist am Ende das Schweigen nicht eine ganz besondere Tugend? Ein Verhalten, das wie ein Dach andere, geläufige Tugenden überspannt?

Tugenden sollten im Idealfall für ein menschlicheres Miteinander sorgen, das Zusammenleben in Familien und Betrieben erleichtern, Wohlfühlatmosphäre schaffen. Tugenden? Ist das nicht etwas mit Religion? Oder mindestens hat das etwas mit Moral zu tun, mit Humanität, ist also etwas durch und durch Gutes! Dabei geht es durchaus nicht nur um die bekannten Kardinaltugenden Klugheit, Maß, Gerechtigkeit und Tapferkeit. Auch etwa Disziplin, Mut oder Fleiß werden zu Tugenden erklärt, gleichsam als Überbau einer neuen Gesellschaft.

Manch einer sieht in diesen Appellen zu mehr Tugendhaftigkeit eine Wende nach rückwärts, nostalgische Erinnerung an alte – bessere? – Zeiten. Dabei wird dann darauf verwiesen, dass Tugenden in der Vergangenheit oft missbraucht worden seien: der Gehorsam im Krieg, die Disziplin in der Schule, Pünktlichkeit und Sauberkeit in der Familie. Denn wie bei einer Medizin ist auch ein Zuviel an Tugendsamkeit vom Bösen, schlägt ins Gegenteil um und bringt damit eine an sich gute Sache in Verruf.

Tatsächlich aber können Tugenden eine Form darstellen, Freiheit zu gestalten. Nach Ansicht des emeritierten Tübinger Theologen Dietmar Mieth ist »Tugend eine durch Übung und Können verfestigte sittliche Grundeinstellung oder Grundhaltung«, für ihn ist sie gleichsam eine »Handschrift der Seele«. Tugenden habe man nicht, sondern im Gegenteil: »Tugenden haben uns. Wenn man daher eine Tugend bei sich selbst entdeckt, dann ist das eine Überraschung. Wenn man nicht davon überrascht ist, dann ist es eher eine Untugend.«

Gibt es einen gemeinsamen Nenner aller Tugenden? Werden sie tatsächlich gelebt, dann kann unsere Gesellschaft menschlicher werden. Ob Treue oder Zärtlichkeit, Dialogbereitschaft oder Ritterlichkeit, ob Bescheidenheit oder Geschwisterlichkeit: ein von diesen Tugenden geprägtes Leben würde diese Gesellschaft und auch diese Kirche umwälzen. Denn die genannten Tugenden – und auch weitere – würden zu einem anderen Umgang miteinander führen, würden vielleicht das Auseinanderklaffen von Anspruch und Wirklichkeit verkleinern. Der Aphoristiker Nikolaus Cybinski hat es so zusammengefasst: »Leben und Glauben würden wieder zu Einheit, wir müssten beim Beten nur die Ellenbogen falten.« Die Besinnung auf die Tugenden – wie auch immer wir sie verstehen und/oder interpretieren – ist keine Wende nach rückwärts, sondern ein Stück Zukunftssicherung unter menschenwürdigen Bedingungen.

Und gehört Schweigen nicht auch in diese Reihe menschlicher Verhaltensweisen, die man mit Recht als Tugend bezeichnen kann? Könnte es nicht möglich sein, unter der »Dachmarke« Schweigen eher vertraute Tugenden zusammenzufassen? Etwa das Maßhalten, das ja immer auch einen Verzicht bedeutet: Wenn ich schweige, verzichte ich auf das Sprechen, nutze diese ungewöhnliche Kommunikationsmöglichkeit mit bestimmter Absicht zu einer bestimmten Ausdrucksweise. Ist es oft nicht ein Zeichen von Klugheit – einer anderen Kardinaltugend –, wenn ich schweige?

Und kann es nicht tapfer sein, den Mund zu halten, statt inhaltsleeres Geschwätz von sich zu geben? Oder gerecht, wenn ich eine Auseinandersetzung nicht eskalieren lasse, weil ich mich zurückziehe und schweige, um meine Gedanken zu ordnen? Und vielleicht auch klug, innezuhalten und abzuwägen, ob und wann eine Wortmeldung sinnvoll ist? Schweigen ist also so etwas wie die Mutter aller Tugenden, weil sie eine Art Dachmarke ist, unter der sich die Kardinaltugenden Klugheit und Maß, Gerechtigkeit und Tapferkeit subsummieren lassen.

Kollektives Schweigen

Unsere Generation wird eines Tages
nicht nur die ätzenden Worte und bösen Taten
der schlechten Menschen zu bereuen haben,
sondern auch das furchtbare Schweigen der guten.

MARTIN LUTHER KING (1929–1968)

Das Schweigen durchbrechen

Bislang ging es um das individuelle Schweigen. Einzelne ziehen sich zurück und bleiben stumm – aus den unterschiedlichsten und oft wohlerwogenen Gründen. Aber es gibt auch so etwas wie kollektives Schweigen, also das Schweigen als Gesellschaft oder als relevante gesellschaftliche Gruppierung. Eine Art Korpsgeist von Menschen, die wissen, aber nichts sagen mögen über ihr Wissen. In Deutschland war das nach dem Ende des Zweiten Weltkrieges zu beobachten, als eine ganze Generation mehrheitlich über Vorgänge, Erlebnisse und Erfahrungen der Jahre zwischen 1933 und 1945 geschwiegen hat. Zwar wurden sie von Kindern und Enkeln befragt, flüchteten sich aber, wenn überhaupt etwas erzählt wurde, oft – zu oft? – in Verharmlosungen.

Meist war es Schweigen, das sie wählten, um Erfahrungen in Nationalsozialismus und Krieg, ihre Erlebnisse und Überzeugungen zu verdrängen, manchmal auch Taten. Sie erzeugten damit den Eindruck, dass es trotz dieses Schweigens schuldhaftes, ehrenrühriges, mindestens aber schambesetztes Verhalten gegeben haben muss. Spätestens, wenn es um Details ging, kam es höchstens zu vernebelnd ausgesprochenen Allgemeinplätzen wie »Ihr habt ja keine Ahnung« oder »Das war eben eine andere Zeit« oder »Ich hatte doch Familie«. So sehr man dies menschlich verstehen mag, so sehr provozierte solches Schweigen Proteste bei Kindern und Enkeln. Ein Motiv der sogenannten 68er-Generation mit ihrem Aufbegehren gegen das Verhalten der Großväter und Väter war ihr vergebliches Bemühen um Aufklärung. Ehrliche Kommunikation hätte dazu beitragen können, diese Kriegsgeneration besser zu verstehen.

Eine Beobachtung, die nicht nur für Deutschland bezeichnend ist, sondern die man oft dann machen kann, wenn eine Diktatur überwunden wird. In Chile 1990 oder Argentinien 1983 war es so, in Griechenland 1974 nach der Militärdiktatur oder in der früheren DDR nach 1989. Es waren die Mitglieder der Geheimdienste, Verantwortliche für Folterungen und Morde, die sich ins Schweigen zurückzogen. Es mag Angst sein, die die Menschen ins Schweigen treibt: Angst vor einer Verurteilung, Angst vor der Verantwortung für Unrecht, das man zuvor als Recht angesehen hat, auch gegen Zweifel. Das Schweigen einer Gruppe verhindert aber Aufklärung, ist im Grund Ausdruck von Feigheit.

Hundert Jahre in Frieden leben

Eine ganz besondere Form des Schweigegebotes ist die *Omertà*. Sie ist gleichsam das Grundgesetz der sizilianischen Cosa Nostra, einem Zweig der italienischen Mafia. *Omertà* meint die Schweigepflicht für die Mitglieder der Mafia und verwandter krimineller Organisationen gegenüber Außenstehenden. Die Mafia setzt voraus, dass dieses ungeschriebene Gesetz des Schweigens auch von Nichtmitgliedern, Opfern und potenziellen Zeugen befolgt wird. Insbesondere auf Sizilien stellte sich deshalb niemand als Zeuge gegen die Organisation zur Verfügung, bis Einzelne dieses Schweigegebot durchbrachen, weil sie die kriminellen Taten der Mafia, die nicht selten Unschuldige trafen, nicht mehr ertragen und mit ihrem Gewissen vereinbaren konnten. Beschuldigte helfen weiterhin nur selten, auch unberechtigte Verdächtigungen aufzuklären, sondern akzeptieren stattdessen sogar eine fälschliche Verurteilung oder Bestrafung. Ein sizilianisches Sprichwort bringt es auf den Punkt: »Wer taub, blind und stumm ist, lebt hundert Jahre in Frieden.« Ein anderer Spruch geht – eher sarkastisch – so: »Mach nie deinen Mund auf, außer du sitzt auf dem Zahnarztstuhl.«

Das Schweigeprinzip der *Omertà* geht aber über diese Abschottung nach außen hinaus und ist auch eine Absicherung nach innen: Innerhalb der Organisation verfügen rangniedrige Mitglieder nie über vollständige Informationen. Da auf den Kommunikationswegen die Befehlskette sehr streng eingehalten wird, unterstützt die *Omertà* diese Abschottung in die obere Hierarchie. Wenn man so will, hat dieses Schweigegebot einen Vorteil, der nicht unerheblich ist: Sitzt ein Mitglied eine Strafe ab, kann es davon ausgehen, dass die Organisation seine Familie während der Haft versorgt. Um die *Omertà* durchzusetzen, wird ein Verstoß gegen diese Schweigepflicht in der Regel mit dem Tod geahndet.

Die Motive für solches Verhalten liegen offen: Eine Organisation wie die Cosa Nostra, die ähnlich wie die übrige Bevölkerung das staatliche Gewaltmonopol ablehnt, erscheint den Sizilianern als treuer Verbündeter im Kampf gegen die verhasste Obrigkeit. Die damit verbundenen Strukturelemente, zu denen auch die *Omertà* zählt, werden als gerecht empfunden und akzeptiert. »Schweigen ist den Einwohnern Siziliens aufgrund der langen Periode fremder Herrschaft in Fleisch und Blut übergegangen,« schreibt Stefan Gron in einer Hausarbeit zum Thema Schweigepflicht der Mafia. Demnach sei der, der den Behörden hilft, ein Verräter. »Die spezielle Bedeutung der Schweigepflicht in der Cosa Nostra besteht darin, mehr zu sein als die bloße Zurückhaltung von Informationen gegenüber den staatlichen Behörden. Sie ist Bestandteil des männlichen Ehrbegriffes und daher für die ›ehrenwerten Männer‹, wie sich die Mafiosi selbst bezeichnen, von äußerster Wichtigkeit.«

Es sollte nicht einmal schwerfallen

Zur rechten Zeit zu schweigen,
ist ein Zeichen von Weisheit
und besser als alles Reden.
Noch nie hat es einen gereut,
geschwiegen, wohl aber vieles geredet zu haben.
Das Verschwiegene kann man immer noch ausplaudern,
es ist aber unmöglich, das Gesagte wieder zurückzunehmen.

PLUTARCH VON CHÄRONEA (45–120)

Schweigegebot und Schweigegelübde

Auch das gibt es: Schweigen kann als Strafe ausgesprochen werden. Ein bekanntes Beispiel der jüngeren Kirchengeschichte ist das Schweigegebot für den Befreiungstheologen Leonardo Boff. 1985 wurde ihm für ein Jahr »Bußschweigen«, also ein Rede- und Lehrverbot auferlegt. Intention der Richter der Glaubenskongregation in Rom war, dem Professor eine Zeit des Nachdenkens zu »gewähren«. Tatsächlich war es aber wohl so, dass dem populären Seelsorger und Theologen das Forum entzogen werden sollte, in dem er seine Ideen weiterhin verbreiten konnte. Der Vorwurf: Er versuche, die katholische Kirche auf die Verteidigung der Menschenrechte für die Armen zu reduzieren. 1986 erhielt er die Lehrerlaubnis einen Monat vor Ablauf der Frist zurück. Er nutzte die ihm zuvor auferlegte Schweigebuße, um weitere Bücher zu verfassen, die seine Christologie, Ekklesiologie und Sakramentenlehre ausführten. Inzwischen ist er aus seinem Orden ausgetreten, hat sich in den Laienstand versetzen lassen und lebt mit einer Frau und deren Kindern zusammen.

Anderen Charakter haben die Schweigegelübde, die ein freiwilliges Versprechen sind. In der katholischen Kirche sind es die Schweigeorden, die das Schweigen – im Gegensatz zu den »tätigen« Orden – zu ihrem zentralen Inhalt machen. Am bekanntesten ist der Kartäuserorden, benannt nach dem Gründungskloster, der Großen Kartause in Grenoble. Die Kartäuser sind – neben den Zisterziensern strengerer Observanz – der einzige Männerorden, der sich das hochmittelalterliche Ideal eines strikt kontemplativen Lebens bis heute erhalten hat. Andere ursprünglich kontemplative Orden wie Benediktiner und Zisterzienser haben sich im Lauf ihrer Geschichte der Welt geöffnet und Aufgaben vor allem in den Bereichen Seelsorge und Lehre übernommen. Heute gibt es noch 24 Klöster der Schweigeorden, davon 18 für Mönche und 6 für Nonnen. Einige von ihnen sind übrigens durchaus zeitgemäß mit einer Website im Internet vertreten. Auf diesen stellen sie sich den Usern bild- und wortreich vor. Im Jahr 2005 hat Philip Gröning den bisher einzigen Dokumentarfilm über den Kartäuserorden fertiggestellt: *Die große Stille*. Er wurde in der Großen

Kartause bei Grenoble gedreht und fand starke mediale Beachtung.

Anselm Grün verweist auf die frühen Mönche, die im Schweigen »ihren wichtigsten spirituellen Weg« gesehen hätten. Menschen seien aus den unterschiedlichsten Motiven zu ihnen gekommen. »Und oft verweigerten die Mönche ihr Wort – vor allem dann, wenn sie merkten, dass die anderen Menschen nur aus Neugier kamen« (Grün 2, S. 121). Die Mönche damals hätten das Schweigen nicht dazu benutzt, um dann besser reden zu können. »Sie wollten im Schweigen Gott begegnen.« Grüns Diagnose ist eindeutig: Es gebe Menschen, die müssten ständig reden. »Sie können keine Stille aushalten. So wird ihr Reden wirklich Gerede. Es dient nur dazu, das Schweigen zu übertönen und der Stille auszuweichen« (Grün 2, S. 122).

Benedikt von Nursia wird von Grün zitiert; dieser schreibt in seiner Ordensregel: »Man soll der Schweigsamkeit zuliebe bisweilen sogar auf gute Gespräche verzichten« (S. 102). Mag es sich auch um noch so gute, heilige und aufbauende Gespräche handeln, vollkommenen Jüngern werde wegen der Bedeutung der Schweigsamkeit nur selten das Reden erlaubt. Mit einem Hintersinn: Beim vielen Reden könne man – geradezu zwangsläufig? – der Sünde nicht entgehen. Kurz: Wer schweigt, sündigt nicht.

Wer etwas zu sagen habe, der müsse »ins Schweigen gehen«, meint Anselm Grün. Im Schweigen könne er beurteilen, so der Erfolgsautor, welche Worte es wert seien, gesagt zu werden und welche lieber nicht gesagt sein sollten. »Manchmal schweigen wir, weil wir nichts zu sagen haben und weil uns keine Worte kommen, die von Bedeutung wären. Gerade Menschen, die viel reden müssen – Seelsorger, Therapeuten, Politiker, Ärzte –, spüren, dass sie momentan nicht wissen, was sie sagen sollen. Viele überspielen dieses innere Schweigen«, schreibt Grün (Grün 2, S. 122).

Doch diesen Berufsgruppen stünde es gut an, »wenn sie zu ihrem Schweigen stehen, wenn sie einmal aushalten würden, dass sie zu diesem oder jenem Thema nichts oder noch nichts zu sagen haben«, lautet der Rat des Benediktiners. Es wäre gut, das Schweigen auszuhalten und zu warten, bis aus dem Schweigen neue Worte geboren würden (Grün 2, S. 122f). Aus Gesprächen mit Menschen in Leitungsfunktion wissen wir, dass diese oft darüber klagen, in ihrem hektischen Alltag kaum noch Zeit für eine Atempause zu haben. Das wäre eine Möglichkeit für sie: Beim Schweigen zum Denken kommen, damit neue Gedanken, neue Worte entstehen können.

Buddhistische Schweigemeditation

Manche sprechen schon von einer Mode: Vipassana-Kurse werden stark nachgefragt. Der Ursprung dieser Methodik liegt im Buddhismus. Es geht bei dieser Meditation um eine Übung mit dem Ziel, weiser, hilfreicher, geschickter und liebevoller mit sich und mit anderen umgehen. Oder anders gesagt: erforschen, was für den Einzelnen nicht so gut ist und was zu tun ist, um sich aus diesem Leiden zu befreien. Stattdessen soll liebevolle Gelassenheit, Freude und innere Freiheit erlangt werden. Vermittelt wird eine Art Verhaltenskodex, wie wir ihn aus dem Christentum mit den Zehn Geboten kennen.

Dies geschieht, indem immer wieder versucht wird, achtsam zu sein mit der direkten, unmittelbaren Erfahrung des Atems, des Körpers, der Sinneserfahrungen (des Hörens, Sehens, Riechens und Schmeckens) sowie der Gefühle und Gedanken. Und für unseren Zusammenhang wichtig: durch Schweigen. Es geht darum, einfach, direkt und unmittelbar die Erfahrung eines jeden Moments, des jetzigen Momentes, achtsam und aufmerksam wahrzunehmen und so zu sehen, wie sie ist. Nicht mehr und nicht weniger.

Der Begriff Vipassana bedeutet »klar sehen«, »klar erkennen, wie die Dinge sind«. Demnach wird die innere Sammlung und Achtsamkeit eingeübt, um tiefer in das Wesen einer jeden Erfahrung einzudringen. Das Ziel: ihr eigentliches Wesen, ihre wahre Natur deutlicher und tiefer zu sehen und zu erfahren. Nämlich ihre Natur »des fortwährenden Wechsels, des Entstehens und Vergehens, des ständigen Wandels sowie der Nicht-Festhaltbarkeit aller Dinge und aller Erfahrungen«. Wer diese Meditation betreibt, für den gibt es beispielsweise nach der Darstellung der Vipassana-Gruppe aus Karlsruhe »die Erkenntnis (wenn sie vom Intellekt, vom Verstand ins Herz, ja in den Bauch gerutscht ist), die befreit, die innere Klarheit, Offenheit und tiefen Frieden möglich macht.«

Die mit Vipassana angestrebte spirituelle Erfahrung geht jedoch weit darüber hinaus: Auf dem fruchtbaren Boden eines freud- und friedvollen Herzens kann sich das Bewusstsein transformieren, und es kommt zu Erlebnissen, die sich aller Beschreibung zu entziehen meinen: Wenn der Seher, das Gesehene und das Sehen ineinander fallen, wird die wahre Wirklichkeit »geschaut«.

Schweigen und Speisen

Wir kennen das aus manchen Klöstern: Während des gemeinsamen Essens ist Schweigen geboten. Manches Mal wird währenddessen vorgelesen – aus einem Roman, einer Biografie oder auch aus der Zeitung. Im Kirchenpavillon der evangelischen Citypastoral in Bonn hat man diese Tradition aufgegriffen, wenn auch etwas verfremdet: Jeden Donnerstag gibt es ein »Stilles Mahl«. Um einen runden Tisch sitzen bis zu sieben Personen. Die achte Person ist meist eine Pastorin, ein Pastor. Diese spricht zu Beginn der einfachen Suppenmahlzeit ein Gebet, zwischendurch ein Bibelzitat und am Ende den Segen. Ansonsten wird geschwiegen, lediglich Gesten sind erlaubt, wenn es darum geht, Wasser nachzufüllen oder das Brot zu reichen. »Schweigend, aber nicht ohne Worte. Stärkung für den Leib, Inspiration für die Seele.« Das ist das Motto, unter dem mithilfe von Zeitungshinweisen geworben wird. Denn eine Anmeldung ist notwendig, um während der Mittagspause im Kirchenpavillon eine Auszeit nehmen zu können. Eine einfache Mahlzeit in kleiner Runde mit Lesungen und Stille – ein Angebot, das angenommen wird. Nicht immer ist die Runde vollzählig – und im Winter offenbar begehrter als im Sommer, wenn man auch einen Spaziergang durch den nahegelegenen Bonner Hofgarten machen kann, um Abstand zum Büroalltag zu bekommen. Schweigen als Auszeit vom Alltag.

Noah schweigt, Jesus auch

Die sehr lesenswerte Auseinandersetzung mit dem Schweigen im Alten Testament von Jürgen Ebach macht auf die Noah-Geschichte aufmerksam: »Gott sagt ihm die Vernichtung des Lebens auf der Erde an und Noah schweigt. Gott heißt ihn ein Schiff auf dem Trockenen bauen. Noah tut es und schweigt. Gott kündigt die Flut an, aus der allein Noah und seine engste Familie nebst Tierpaaren aller Gattungen gerettet werden sollen – Noah schweigt. Das Opfer nach der Flut, das Gott zum Umdenken bewegt, indem er der nurmehr zweitbesten aller Welten die Erhaltung zusagt, bringt Noah schweigend dar. Gott schließt einen Bund mit Noah und seinen Nachkommen sowie mit allen Lebewesen – und Noah schweigt« (Ebach, S. 19). Der Autor dieser Episode des Alten Testaments schreibt nicht ausdrücklich vom Schweigen Noahs, aber die Lektüre der gesamten Episode legt es nahe. Stattdessen betrinkt sich Noah am Ende der Flut bis zur Bewusstlosigkeit.

Wie kann man dieses Nichtantworten deuten? Versteht Noah diese Strafe Gottes nicht? Zweifelt er daran, dass ausgerechnet er auserwählt ist zu überleben? Macht ihm der Umstand zu schaffen, dass er schweigen muss, dass er seine Leute nicht informieren darf über das, was da kommen soll? Will er vielleicht gar nicht der Auserwählte sein, weil er künftig in diesem Bewusstsein leben muss? Ein Trauma, das wir auch aus anderen, nichtbiblischen Zusammenhängen kennen: dass der Überlebende Schuldgefühle entwickelt, die ihn zu zerreißen drohen.

Man könnte auch die Schöpfungsgeschichte erwähnen. Zu Beginn herrschte Stille, das große Schweigen. So beginnt das erste Buch des Alten Testaments. Durch die Schöpfung entstand eine Struktur, Licht kam hinzu, Erde und Wasser wurden getrennt. Erst als die Lebewesen und schließlich der Mensch entstanden, wurde die Stille verdrängt, das Schweigen überwunden.

Ebach hat auch im neuen Testament eine nachdenkenswerte Beobachtung gemacht: Jesu Begegnung mit der Ehebrecherin (Joh 7,53–8,11) ist gleichsam strukturiert durch Schweigen. Die Pharisäer fragen Jesus, wie er mit einer beim Ehebruch ertappten Frau verfahren würde. Jesus antwortet zunächst nicht, sondern schreibt ohne Worte mit dem Finger in den Sand zu seinen Füßen. Die Frager drängen ihn zu einer Antwort, und Jesus sagt den bekannten Satz: »Wer von euch ohne Sünde ist, der werfe den ersten Stein.« (In einem Witz für theologisch vorgebildete Christen fliegt dann tatsächlich ein Stein, worauf Jesus ausruft: »Mutter, du nervst!« Aber das gehört in einen anderen Zusammenhang.) Nach diesem Satz beugte er sich erneut vor und fuhr fort, wortlos auf die Erde zu schreiben. Der entscheidende Satz ist demnach von einer Szene eingeschlossen, in der Jesus schweigt (und schreibt). Aber auch die Pharisäer äußern sich der Schriftstelle zufolge nicht, sondern gehen schweigend fort.

An anderer Stelle gibt es die Begegnung Jesu mit der Sünderin. »Die Frau spricht ohne Worte, indem sie Jesu Füße mit ihren Tränen wäscht und mit Öl salbt. Ihre Liebe wird durch ihr Tun sichtbar« (Grün 2, S. 27). Ihr Handeln löse beim Gastgeber Gedanken aus. Jesus erkenne diese Gedanken und lenke sie in eine andere Richtung, so Anselm Grün: »Er erzählt das Gleichnis vom Geldverleiher, der zwei ungleiche Schuldner hatte.« Das Schweigen der Frau betont also geradezu ihr Handeln, das den Umstehenden unerhört vorkommen mag. Aber Worte waren auch nicht nötig, Tränen und Öl waren »beredt«.

Diese Stelle ist ein gutes Beispiel dafür, dass Schweigen nicht unbedingt den Lauf einer Erzählung verlangsamt, sondern dass es Struktur gibt und durchaus eine eigene Dynamik ermöglicht. Das war den Autoren des Alten und Neuen Testaments durchaus bewusst, schufen sie doch nicht nur ein Werk der Verkündigung, sondern durchaus Literatur von hoher Qualität.

»Vor der Gemeinde nicht reden«

Und nähme man die Heilige Schrift wörtlich bis zuletzt – ein unauflösbares Dilemma entstünde. Denn im Korintherbrief des Apostels Paulus (1 Kor 14,34) heißt es, »es gehöre sich nicht für eine Frau, vor der Gemeinde zu reden«, sie habe also zu schweigen. Folgende Szene ist vorstellbar: Eine protestantische Pastorin soll ordiniert werden. Auf die Frage, »Bist du bereit, dieses Amt zu übernehmen, so bezeuge es vor Gott und dieser Gemeinde mit deinem Ja.« Als Antwort kommt nicht ein »Ja, mit Gottes Hilfe«, sondern – Schweigen. Steht es so nicht in der Bibel? Das ist doch verbindlich? Und ist dieses Schweigen dann ein zustimmendes? Drückt es Zweifel aus? Ist die Kandidatin so beeindruckt von dem Geschehen, dass ihr die Worte nicht einfallen? Verschlägt es ihr die Sprache? Oder will sie mit ihrem Schweigen einen Protest ausdrücken? Dass an der einen Stelle die Schrift wörtlich genommen wird, um das eine zuzulassen. Und bei einer anderen etwas zu verweigern? Dann also weniger zustimmendes als beredtes Schweigen. Auch diese Episode verdanken wir Jürgen Ebach.

Angemessene Schweigeräume

Gibt es Räume, in denen nur Schweigen angemessen ist? Angemessener als Reden, als Singen? Der Schriftsteller Wolf Wondratschek kennt einen solchen Raum: »In einer Kirche zu sprechen, macht mich beklommen. Ich würde lieber nicht reden. Immer bin ich in einer Kirche am liebsten schweigsam gewesen. Es war, fand ich, das Schweigen in einer Kirche etwas dem Ort Angemessenes, und es tut mir gut.« Er äußerte dies in der Wiesbadener Lutherkirche anlässlich eines Kantatenkonzerts im Rahmen des Rheingau-Musikfestes im Sommer 2015 (*Süddeutsche Zeitung* 10.8.2015).

Und er fuhr dann fort: »Ich bete nicht, auch in Kirchen nicht, zu Gott. Ich habe nicht das, was die Kirche einen Glauben nennt. Mein Glaube ist mein Schweigen – und ein guter Ort dafür ist eine Kirche, am besten eine leere, menschenleere Kirche. Nicht reden müssen, nicht glauben müssen, nichts sein müssen.« Die Deutung des Schweigens als vollkommenes Ungebundensein, als die Freiheit schlechthin. Und doch verwiesen auf etwas anderes, was nicht fassbar ist, jedenfalls nicht in Worte.

Von einem »Schweigeraum« spricht auch Peter Wild in der Auseinandersetzung mit dem Dichter des 17. Jahrhunderts, Angelus Silesius. Dieser habe in der Spruchsammlung »Cherubinischer Wandersmann« die Sprache und das Schweigen zum Thema gemacht. »Aus eigenem Erleben kannte er die Faszination der Sprache und die nicht mehr in Worte zu fassende Nähe Gottes«, so Wild. Silesius unterscheide das ehrfurchtsvolle Schweigen des Betenden und Meditierenden vom eigentlichen Schweigeraum, der entstehe, »wenn jegliche gedankliche und sinnenhafte Tätigkeit des Menschen zur Ruhe gekommen ist«. Dieser Schweigeraum, der entstehe, sei seiner (Silesius') Erfahrung nach im eigentlichen Sinn das »Aufnahmeorgan für Gottes Gegenwart«.

Äußeres und inneres Schweigen

Je stiller ich schweige,
umso lauter rufe ich –
erhöre mein Schweigen, o Gott.
MECHTHILD VON MAGDEBURG (1207–1282)

Schweigen kann mehrdimensional sein

Bis jetzt haben wir nur, sagen wir es dennoch einmal pathetisch, ziemlich eindimensional über das Schweigen nachgedacht. Oder profan, weltlich. Da wird es eingesetzt als Strategie in einem Prozess, als Druckmittel in einer Beziehung, als Stilelement bei einem Vortrag. Schweigen ist tempobestimmendes Element in einem Roman oder Rückzugsmöglichkeit aus Hilflosigkeit.

Schweigen kann also lediglich Strategie oder Stilmittel sein. Dann ist es bestimmt für einen Zweck. Und es geschieht meist in einer Situation, in der mehrere Teilnehmer zusammen sind. Schweigen kann aber sehr viel mehr leisten, auch mehr bedeuten. Das wäre die neue, vielleicht die zusätzliche, die ergänzende Funktion. Diese überhöht das bisher Gesagte und führt das in den letzten Kapiteln Ausgeführte weiter auf eine spirituelle Ebene. Vor allem gilt dies: Schweigen kann gelingen alleine, ohne Ablenkung, als Meditation, als Besinnung. Wir können es wie der Benediktinerpater Anselm Grün in Anlehnung an die Tradition der abendländischen Mönche als »inneres Schweigen« bezeichnen. Im Gegensatz zum äußeren, das – wie bisher gezeigt – einen bestimmten Zweck verfolgt.

Nun wird von niemandem verlangt, nach den Regeln der Ordensleute das Schweigen zu üben und es in der persönlichen Praxis einzusetzen. Wenn der Ordensgründer Benedikt von Nursia meint, »wer schweigt, sündigt nicht«, dann ist das ein hehrer Anspruch. Schließlich gibt es bei den Mönchen neun »Laster« zu bekämpfen: Völlerei und Unzucht, Habsucht, Traurigkeit und Zorn, Lustlosigkeit, Ruhmsucht, Neid und Stolz (Grün 1, S. 31). Wer denn außerhalb des Klosters mag, der wird vielleicht die eine oder andere negative Empfindung oder Haltung finden, in der er sich wiedererkennt.

Und wenn die Ordensleute das Schweigen als Therapie empfinden und ausüben, um dieses den Ordensregeln widersprechende Auftreten zu überwinden, so ist dies zunächst ehrenwert. Aber was sagt das uns »normalen« Sterblichen? Vielleicht dies: Das Schweigen könnte helfen, »Abstand zu gewinnen gegenüber Aufregung und Ärger, sich selbst zu erkennen, indem man den Ärger nicht gleich am anderen ablässt, sondern ihn erst einmal zurückhält, um ihn zu analysieren« (Grün 1, S. 21). Das ist der gleiche Rat, der angeblich Soldaten gegeben wird: vor einer Beschwerde erst einmal eine Nacht darüber zu schlafen. Ein Hinweis, der in jeder Gemeinschaft und Beziehung richtig ist. Denn bevor man ärgerlich auf einen anderen reagiert, sollte man erst schweigend den Grund des eigenen Ärgers ergründen.

Dieses innere Schweigen in der Einsamkeit ist mehr als nur der Verzicht auf Sprechen. Es meint auch den Verzicht auf Ablenkung durch Musik etwa oder irgendeine Tätigkeit. Denn auch während ich dieses lese, rede ich ja nicht, sondern schweige. Das ist nicht gemeint. Es geht vielmehr darum, mich zu zwingen, »einmal bei mir zu sein«. »Wer das versucht, der entdeckt, dass es zunächst gar nicht angenehm ist. Es melden sich da alle möglichen Gedanken und Gefühle, Emotionen und Stimmungen, Ängste und Unlustgefühle«, schreibt Anselm Grün (Grün 1, S. 19).

Das macht dann die neue Dimension aus: dass das Schweigen zu einem Kampf gegen die inneren Fehlhaltungen führt – wenn ich sie denn als solche identifiziere und mich von ihnen trennen will. Es hilft gegen übertriebene Bedürfnisse und Wünsche, gegen das Chaos unbeherrschter Emotionen und gegen den Wahn, sich selbst immer in den Mittelpunkt zu stellen (Grün 1, S. 32). Oder sollten wir in unserem Zusammenhang besser sagen: Schweigen kann dabei helfen, dies zu erkennen und zu überwinden, ein Allheilmittel ist es jedoch auch nicht. Schweigen ist dann nicht passiv, sondern Aktivität, kann Arbeit bedeuten, dürfte anstrengend sein.

Unter einem religiösen, spirituellen Akzent kann Schweigen offener machen für Gott. Jedenfalls bei jenen, die sich für eine solche Ansprache öffnen wollen. »Das Schweigen sollte uns durchlässig machen für Gottes Geist, sodass Gott in uns die Führung übernehmen könnte« (Grün 1, S. 65). Das Schweigen wird dann zu einer inneren Haltung, »in der ich mich für diese Wirklichkeit des mich umgebenden Gottes aufschließe. Sie ist also mehr als Nicht-Reden. Nicht reden kann ich auch mit zusammengebissenen Zähnen« (Grün 1, S. 69).

Wortfasten

Von »Verzicht« war die Rede. Ist Schweigen nicht der Verzicht auf Laute, auf Sich-verständlich-Machen, letztlich auf Worte? Ist Schweigen dann so etwas wie »Wortfasten«? Denn Fasten bedeutet immer auch Verzicht: in der Fastenzeit auf Süßigkeiten, auf Zeit mit dem Smartphone oder Fernsehen, auf Alkohol oder Nikotin. Andere wenden es um und versprechen, mehr Zeit mit den Kindern, dem Partner/der Partnerin zu verbringen.

Verzicht auf Worte also, auf unnötige Worte, wird dann zum Schweigen. Und führt zum Zuhören, zu Respekt und Aufmerksamkeit. Aber auch zur inneren Stimme, zum Hören auf das, was uns im Innersten bewegt. Und dies am ehesten dann, wenn wir alleine sind – einmal abgesehen davon, dass das Schweigen dann selbstverständlich leichter fällt. In Gemeinschaft oder in einer Beziehung kann Schweigen – wir haben es gesehen – auch zu Konflikten führen, Aggressivität auslösen oder

Missverständnisse hervorrufen. Es kommt eben auf die Situation und den Zeitpunkt an.

In einer Auseinandersetzung, in der es um das berechtigte Abwägen von Argumenten geht, kann der Hinweis »Ich bin gerade beim Wortfasten« im besten Fall ungläubiges Staunen hervorrufen, selten aber wird solches Verhalten honoriert. Dafür ist Kommunikation mit Worten im Kollegenkreis oder in einer Beziehung zu existenziell, als dass man sich da ins Schweigen zurückziehen könnte. Punktuell mag es angehen, wenn man zunächst anderen den Vortritt lassen will.

Wortfasten ist daher am ehesten dann zu empfehlen, wenn man alleine ist. Um Ruhe zu finden, Abstand vom Alltag, wenn man sich einen Zugang zur Spiritualität öffnen will. Der eine mag im Schweigen seine Gottsuche fortsetzen, der andere seine Gedanken regeln, der Dritte seine Pläne für die nächste Zukunft ordnen. Oder schließlich einfach nur die Seele baumeln lassen, plan- und ziellos, als Entspannung pur.

Denn Schweigen alleine muss nicht unbedingt ein Ziel haben, eine Funktion oder einen Zweck. Selbstverständlich kann ich es gezielt einsetzen, wir haben die Möglichkeiten gesehen. Aber Schweigen kann auch für Augenblicke in eine selbstgewählte Isolation führen, zu einer Abkapselung von der Umwelt mit ihrem Lärm und ihrer Hektik, es kann eine Flucht aus dem Alltag bieten. Diese Stille muss ich aushalten können, muss sie möglicherweise gestalten, ergänzen um entsprechende Musik. Denn zum Schweigen und der Stille gehört das Hören. Nicht nur das Hören nach innen, sondern auch auf die Einflüsse von außen.

Schweigen kann so im besten Fall zu einer Komposition werden aus beidem: dem, was mich im Inneren bewegt, und dem, was von außen hinzutritt. Was ich von außen zulasse, dass es mich erreicht, weil ich eine Musik gewählt habe oder einen Ort, eine Körperhaltung oder eine Kleidung. Schweigen und Meditation werden so zu Geschwistern, bedingen einander und ergänzen sich, werden zu einer Inszenierung, der ich mich hingeben kann.

Vielleicht gewinne ich auch Zeit durch mein Schweigen. Aber was tue ich dann mit der Zeit, die ich durch Schweigen gewinne? Ich kann sie nicht auf ein Konto einzahlen, damit sie dort Zinsen bringe. Damit ich dann, wenn meine Zeit knapp wird, auf ein Guthaben zurückgreifen kann, weil ich zuvor einmal Zeit gespart habe. Aber gewinne ich überhaupt Zeit, wenn ich meine Zeit durch Schweigen intensiver nutze, sie nicht einfach so vergeude? Besteht der Gewinn dann nicht einfach in einer größeren Zufriedenheit, einem entspannteren (Er-)Leben, einem größeren Respekt gegenüber jedem Wort, das ich äußere? Respekt auch vor dem Gesprächspartner, der Gruppe?

Schweigen kann so vielfältig sein. Es kommt darauf an, es gelegentlich bewusst einzuüben und auszuüben. Es ist, ohne dass wir es deshalb gleich so aufladen müssten, immer mit Gewinn verbunden. Wenn wir es denn richtig einsetzen. Schweigen ist so farbenfroh. Versuchen wir es!

Schlussbemerkung

Beenden wir unsere Exkursion durch die Farben des Schweigens mit einer klösterlichen Anekdote: In einem der Schweigeorden hielten drei der Mönche das sehr strenge Schweigegebot nicht mehr aus. Der Prior zeigte Verständnis für die seelischen Nöte seiner Mitbrüder und erlaubte ihnen ausnahmsweise, jeder von ihnen dürfe an einem bestimmten Tag im Jahr einen einzigen Satz sagen. Darauf ließen sich die drei ein und der besagte Tag kam zum ersten Mal. Beim kargen Frühstück im Refektorium sagte der, der als erster sprechen durfte: »Ich kann diese ewigen Haferflocken nicht mehr ertragen!« Es folgte ein Jahr Schweigen, bis der zweite zu Wort kam, das Schweigen brach und entgegnete: »Ich finde diese Haferflocken eigentlich ganz lecker!« Als das nächste Jahr vergangen war, durfte endlich auch der dritte Mönch sein Schweigen brechen: »Diesen ständigen Streit um diese Haferflocken halte ich nicht mehr aus!«

So kann das Schweigen gelegentlich sogar eine Pointe liefern.

Quellen

Ich danke für wertvolle Anregungen und wichtige Informationen ganz besonders Martina Baur-Schäfer, Marlene Fritsch, Lotte Limper und Marianne Troll. Sage niemand, Frauen könnten zum Schweigen nichts sagen ...

mt

Aus der Stille leben – Ermutigende Impulse von Ordensleuten zum Kirchenjahr, Leipzig o. J.

Tobias Becker: Jelinek zum NSU: Schreiben ist Gold, Spiegel-online 29.09.2014

Verena Boos; Blutorangen, Berlin 2015

Esther Buss: The Look of Silence – Joshua Oppenheimer verschafft den Opfern des Genozids in Indonesien Gehör, filmdienst 20/2015, S. 38

Jürgen Ebach: Beredtes Schweigen – Exegetisch-literarische Beobachtungen zu einer Kommunikationsform in biblischen Texten, Gütersloh 2014

Cornelia Fiedler: Reden ist das neue Schweigen – Theater, tagesaktuell: Elfriede Jelineks Stück zum NSU-Prozess ist in Dortmund zu sehen, Süddeutsche Zeitung 16.12.2015

Jonathan Franzen: Unschuld, Reinbek 2015, S. 466

Nicci French: Mörderischer Freitag, München 2015, S. 401

Holger Gertz: Der Experte – 2014 hatte der ehemalige Fußballprofi Thomas Hitzlsperger sein Coming out. Treffen mit einem klugen Mann – in einem sonderbaren Land, Süddeutsche Zeitung 14.08.2015

Stefan Gron: Von Ehrenmännern und Geheimnisträgern – Schweigepflicht der Mafia und staatliches Geheimnis im Vergleich, Hausarbeit Wien 2003

Anselm Grün: Der Anspruch des Schweigens, Münsterschwarzach 2013 (Grün 1)

Anselm Grün: Achtsam sprechen – kraftvoll schweigen, Münsterschwarzach 2015 (Grün 2)

Anselm Grün: Die Stille im Zimmer, Christ in der Gegenwart 38/2015, S. 417 (Grün 3)

Ulla Hahn: Aufbruch, DVA München 2009

Gabriela Herpell: Altmeister – Wenders-Porträt zu dessen 70. Geburtstag, SZ-Magazin 32/2015

Hans Holzhaider: Keine Chance, Süddeutsche Zeitung 10.09.2015

Josef Lederle: Mörder sind keine Monster, filmdienst 20/2015, S. 24f

Dietmar Mieth, in: Martin Thull: Tugenden – Wende nach rückwärts oder Sicherung der Zukunft?, KNA 25.1.983

Michael Neudecker: Wie geht's ihm? – Es gibt kaum einen Menschen, der mehr über Michaels Schumachers Gesundheitszustand weiß, als Sabine Kehm, aber sie verrät nichts. Sie ist seine Managerin – und seine Mauer, Süddeutsche Zeitung 12./13.03.2016

Ulrike Nimz: Ostdeutschland – Wer noch da ist, Süddetusche Zeitung 25.08.2015

Clara Ott: Die Kunst des Schweigens, Rheinische Post Plus 05.09.2012

Karl-Heinz Ott: Die Auferstehung, München 2015

Miranda Richmond-Mouillot: Anna und Armand – Wie meine Großeltern im Krieg die Liebe fanden und das Leben sie dennoch für immer trennte, München 2015

Richard Rohr: Stille und Mitgefühl, Freiburg 2015, zitiert in Christ in der Gegenwart 38/2015, S. 419

Hans Rosenfeldt/Michael Hjorth: Der Mann, der kein Mörder war – Ein Fall für Sebastian Bergmann, Berlin 2011

Hans Rosenfeldt/Michael Hjorth: Die Frauen, die er kannte – Ein Fall für Sebastian Bergmann, Berlin 2012

Hans Rosenfeldt/Michael Hjorth: Die Toten, die niemand vermisst – Ein Fall für Sebastian Bergmann, Berlin 2013

Hans Rosenfeldt/Michael Hjorth: Das Mädchen, das verstummte – Ein Fall für Sebastian Bergmann, Berlin 2014

Philipp Selldorf: Aura des Rätselhaften, Süddeutsche Zeitung 20./21.06.2015

Bettina Storks: Die Stimmen über dem Meer, Berlin 2015

Marianne Troll: still leben; unveröffentlicht; mit freundlicher Genehmigung der Autorin

Lorenz Wachinger: Mitten im Gelärm – Schweigen, Christ in der Gegenwart 31/2015, S. 349f

Peter Wild: Finde die Stille, Ostfildern 2014; zit. in Christ in der Gegenwart 39/2015

www.cinomat.filmdienst.de

www.faz.net/aktuell/feuilleton/medien/studie-auch-im-netz-regiert-die-schweigespirale-13118570.html

www.aphorismen.de

www.welt.de/icon/article125477143/Was-Maenner-denken-wenn-sie-schweigen.html

www.treffpunkt-philosophie.de/philoservice/philosophie-als-lebenskunst/die-wieder-entdeckung-der-tugenden

http://spontivision.de/schweigende-mehrheit/

www.gutzitiert.de/zitate_sprueche-schweigen.html

www.rp-online.de/digitales/die-kunst-des-schweigens-aid-1.2981373

www.selbstbewusstsein-staerken.net/10-tage-vipassana-meditations-retreat

www.vipassana-karlsruhe.info

Die Lebenskunst der Klöster

Münsterschwarzacher Kleinschriften

81	Anselm Grün, **Biblische Bilder von Erlösung**	1993/2001
82	A. Grün/M. Dufner, **Spiritualität von unten**	1994/2002
85	R. Abeln/A. Kner, **Das Kreuz mit dem Kreuz**	1994
86	Fidelis Ruppert, **Mein Geliebter, die riesigen Berge**	1995
87	Basilius Doppelfeld, **Zeugnis und Dialog**	1995
88	Edgar Friedmann, **Die Bibel beten**	1995
90	Fidelis Ruppert, **Intimität mit Gott**	1995/2002
92	Anselm Grün, **Leben aus dem Tod**	1995/2001
94	Edgar Friedmann, **Ordensleben**	1995
95	Hermann M. Stenger, **Gestaltete Zeit**	1996
97	Christian Schütz, **Mit den Sinnen glauben**	1996/2014
98	Karin Johne, **Wortgebet und Schweigegebet**	1996
99	Anselm Grün, **Das Kreuz**	1996/2005
100	A. Grün/A. Seuferling, **Schöpfungsspiritualität**	1996/2002
101	Basilius Doppelfeld, **Lassen und Gelassenheit**	1996/2013
102	Anselm Grün, **Wege zur Freiheit**	1996/2003
103	G. Kreppold, **Krisen – Wendezeiten im Leben**	1997/2001
104	Irmgard und Peter Abel, **Familienleben**	1997/2002
106	Anselm Grün, **Exerzitien für den Alltag**	1997/2001
108	F. Ruppert/A. Stüfe, **Der Abt als Arzt ...**	1997
109	Henri Nouwen, **Unser Heiliges Zentrum finden**	1998/2003
110	Georg Braulik, **Zivilisation der Liebe**	1998
111	Wunibald Müller, **Wenn du ein Herz hast ...**	1998
112	G. Kreppold, **Selbstverwirklichg. od. Selbstverleugng.?**	1998/2014
113	Basilius Doppelfeld, **Erinnern**	1998
114	Anselm Grün, **Zerrissenheit**	1998/2001
116	Reinhard Körner, **Was ist Inneres Beten?**	1999/2002
117	Christa Carina Kokol, **Wie bist du, Gott?**	1999
118	Gabriele Ziegler, **Sich selbst wahrnehmen ...**	1999
120	Anselm Grün, **Vergib dir selbst**	1999/2001
122	Guido Kreppold, **Träume – Hoffnung für das Leben**	1999/2001
123	Günter Biemer, **Unser Glaubensbekenntnis**	2000/2013
124	Basilius Doppelfeld, **Loslassen und neu anfangen**	2000/2002
127	Wunibald Müller, **Dein Herz lebe auf**	2000/2002
128	Anselm Grün, **Entdecke das Heilige in Dir**	2001

129	Guido Kreppold, **Esoterik**	2001
130	Mauritius Wilde, **Der spirituelle Weg**	2001
131	Johanna Domek, **Das Leben wieder spüren**	2001/2006
133	Johanna Domek, **Die Sehnsucht weiß mehr**	2002/2014
134	Klaus-Stefan Krieger, **Gewalt in der Bibel**	2002
136	Meinrad Dufner, **Schöpferisch sein**	2002
137	B. Ulsamer/M. Hell, **Wie hilft Familien-Stellen?**	2003
138	Lothar Kuld, **Compassion – Raus aus der Ego-Falle**	2003
139	Peter Abel, **Neuanfang in der Lebensmitte**	2003
140	Wunibald Müller, **Dein Weg aus der Angst**	2003
142	A. Grün/R. Robben, **Gescheitert? – Deine Chance!**	2003
143	Meinrad Dufner, **Rollenwechsel**	2004
144	Bertold Ulsamer, **Zum Helfen geboren**	2004
145	A. Grün/W. Müller, **Was macht Menschen krank ...?**	2004
146	Peter Modler, **Lebenskraft Tradition**	2004
147	Gruber/Steins, **Mit Gott fangen die Schwierigkeiten ...**	2005
148	Guido Kreppold, **Die Kraft des Mysteriums**	2005
149	Peter Modler, **Gottes Rosen**	2005
150	Jonathan Düring, **Der Gewalt begegnen**	2005
151	Wunibald Müller, **Allein – aber nicht einsam**	2005
152	B. Ulsamer, **Lebenswunden – Hilfe zur Traumabewältigung**	2006
153	Olav Hanssen, **Dein Wille geschehe**	2006
154	Reinhard Körner, **Dunkle Nacht**	2006
155	Jonathan Düring, **Wild und fromm**	2006
156	Guido Kreppold, **Dogmen verstehen**	2006
157	Peter Abel, **Gemeinde im Aufbruch**	2006
158	Michael Plattig, **Prüft alles, behaltet das Gute!**	2006
159	Paulus Terwitte/Peter Birkhofer, **Ich bin gerufen**	2007
160	Wunibald Müller, **Atme auf in Gottes Nähe**	2007
161	Anselm Grün, **Alles ist mir Himmel**	2007
162	Meinrad Dufner, **Kirchen verstehen**	2007
163	Jochen Sautermeister, **Glück und Sinn**	2007
164	Johannes Füllenbach, **Dein Reich komme**	2007
165	Wunibald Müller, **Atme in mir**	2008
166	Kirsner/Böhm, **Wo finden wir die blaue Fee?**	2008
167	Michael Plattig, **Ich wähle alles!**	2008
168	Katharina Schridde, **Den mütterlichen Gott suchen**	2008
169	Christoph Gerhard, **Astronomie und Spiritualität**	2008
170	Meinrad Dufner, **Seele ist Körper**	2009
171	Anselm Grün, **Lebensträume**	2009